La magie de la
POMME DE TERRE

Texte de

Paulette Bourgeois

avec la collaboration du
Musée National des Sciences et de la Technologie

Illustrations de

Linda Hendry

Traduit de l'anglais par
Sylvie Prieur

Remerciements

Ce livre a été réalisé grâce au personnel du Musée national des sciences et de la technologie, à Ottawa, en Ontario, qui m'a si patiemment prodigué son aide et ses connaissances. En effet, les gens du musée m'ont permis de consulter tout le matériel de recherche relatif à l'exposition «La magie de la pomme de terre» et ont consacré des heures à me montrer des objets et à m'en expliquer les détails. Je suis tout particulièrement reconnaissante à Wendy McPeake, chef des publications; Tom Brown, conservateur de la technologie agricole; George Nicholson: conservateur adjoint; Maggie Dorning, Mireille Macia: recherchistes; Victoria Dickenson: autre recherchiste; Colette Morin et tous les autres qui ont bien voulu m'accorder de leur temps pour me renseigner et me conseiller.

Mille mercis également à Beth Evans, qui a fait les recherches sur ces statistiques si compliquées et sur les questions scientifiques; Hostess; Humpty Dumpty; McCain; Patricia Manning, des Services de marketing du ministère de l'Agriculture de l'Île-du-Prince-Édouard; E.C. Lougheed, de l'université de Guelph; Nancy Dengler de l'université de Toronto; le Musée royal de l'Ontario; les bibliothécaires extrêmement obligeants de la Boys and Girls House et de la bibliothèque centrale de North York.

Et, comme d'habitude, je remercie l'extraordinaire personnel de Kids Can Press qui réalise des livres merveilleux, tout en soulignant les compétences de Liz MacLeod et de Ronda Arab.

Dépôts légaux: 3e trimestre 1991
Bibliothèque nationale du Québec
Bibliothèque nationale du Canada

ISBN: 2-7625-6840-4 Imprimé au Canada

LES ÉDITIONS HÉRITAGE INC.
300, Arran, Saint-Lambert (Québec) J4R 1K5
(514) 875-0327

Données de catalogage avant publication (Canada)

Bourgeois, Paulette

La magie de la pomme de terre

(Savoir-faire)
Traduction de: The amazing potato book.
Comprend un index.

ISBN: 2-7625-6840-4

1. Pomme de terre - Ouvrages pour la jeunesse. 2. Pomme de terre - Folklore - Ouvrages pour la jeunesse. I. Hendry, Linda. II. Titre. III. Collection.

SB211.P8B6814 1991   j635'.21   C91-096533-1

Table des matières

Si tes connaissances au sujet de la pomme de terre se résument en trois expressions culinaires —purée, frite et en robe des champs —ce livre s'adresse à toi.

Savais-tu que la pomme de terre doit sa popularité à de cupides chercheurs d'or et aux guerres? Et que les croustilles n'auraient jamais été inventées n'eût été un client insatisfait dans un hôtel appelé Moon Lake Lodge? Savais-tu que la pomme de terre peut être fatale? En effet, certaines pommes de terre ou parties du plant feuillu de la pomme de terre sont extrêmement indigestes et peuvent même causer la mort. (Que veux-tu, chaque famille a son mouton noir et celle de la pomme de terre ne fait pas exception.) Poursuis ta lecture pour en apprendre davantage sur cette étonnante pomme de terre.

Au chapitre un, tu apprendras comment un chef cuisinier en colère a fait une découverte révolutionnaire et... délicieuse en tranchant ses frites trop minces.

Découvre, au chapitre deux, comment les conquistadors partis à la recherche d'une légendaire cité d'or cachée dans la jungle amazonienne auraient trouvé la mort s'ils n'avaient pas découvert le secret de la survie des Incas : la pomme de terre.

Échoué sur une île déserte? Eh bien, si tu as avec toi une poche de pommes de terre tu auras de quoi subsister, car deux pommes de terre par jour éloignent le médecin pour toujours. Et de plus, tu pourras même accueillir les secours avec un large sourire vu que tu auras conservé de belles dents saines. Le chapitre trois te révèle tous les secrets de la pomme de terre.

Veux-tu savoir pourquoi les pommes de terre vertes peuvent te rendre malade et pourquoi certaines parties de la plante peuvent être mortelles? Lis le chapitre quatre pour en savoir davantage sur les pommes de terre meurtrières!

Après avoir pris connaissance de ces données mortellement ennuyeuses, tu pourras te changer les idées en organisant un pique-nique dont le thème est la pomme de terre et en lançant des «patates chaudes». Le chapitre cinq te promet bien du plaisir.

Apprends la véritable histoire de «Monsieur Patate»; fabrique une étampe en pomme de terre; prépare un succulent dessert au chocolat et à la pomme de terre et découvre comment ce légume pourrait empêcher les enfants défavorisés du monde de souffrir de la faim.

La magie de la pomme de terre contient tout cela en plus de jeux, d'expériences, de blagues, et d'activités amusantes.

S'il y a des mots que tu ne comprends pas, consulte le glossaire à la fin du livre.

1. Les pommes de terre: une passion !

Monte à bord de ta machine à voyager dans le temps et fixe le cadran à 1929. Prêt? Ça alors! Tu as vu tes vêtements? Et maintenant, que dirais-tu d'une petite collation? Va à la cuisine et ouvre le garde-manger.

Tu as envie de pommes séchées? Non? Et ces biscuits maison? Non plus. Ils ont l'air délicieux pourtant. Mais tu as le goût de quelque chose de croustillant, quelque chose qui laisse un petit goût d'huile et de sel dans la bouche et qui satisfait ces fringales de fin d'après-midi. Oui, c'est ça! Des croustilles! Tu devras toutefois ajuster le cadran de ta machine à voyager dans le temps à l'époque de la Seconde Guerre mondiale pour trouver un sac de croustilles dans le garde-manger!

De nos jours, les croustilles constituent le goûter le plus vendu aux États-Unis et au Canada. Si tu dénichais 100 personnes en train de prendre une collation, 70 d'entre elles grignoteraient des croustilles.

Impossible de résister aux croustilles

Certains en mangent beaucoup, d'autres moins, mais en moyenne, chaque personne avale 3 kg de croustilles par année. Ça fait neuf sacs de format familial CHACUN!

La première croustille

On peut difficilement imaginer que la croustille existe depuis seulement 150 ans. En effet, nous savons que les pionniers ne faisaient pas de croustilles. À l'instar de bien d'autres inventions, la croustille a vu le jour par accident. Voici comment ça s'est passé. George Crum, chef cuisinier d'une luxueuse station de vacances appelée Moon Lake Lodge, à Saratoga Springs, dans l'État de New York, faisait d'épaisses pommes de terre frites dont il était très fier. Mais un jour, un client de l'hôtel les retourna à la cuisine prétextant qu'elles étaient trop épaisses.

Insulté, le chef les trancha plus mince et les fit frire à nouveau. Mais elles n'étaient pas encore au goût du client qui les retourna illico. Cette fois, le chef était furieux. «Hum, se dit-il, je vais leur montrer moi, aux clients, de ne jamais se plaindre de mes frites!» Il coupa les pommes de terre en tranches si minces qu'il pouvait voir à travers, puis il les plongea dans l'huile bouillante. À sa grande surprise, le client capricieux trouva succulentes ces fines rondelles frites et croustillantes. Il les passa aux autres convives à sa table et tout le monde en raffola. Le chef baptisa sa trouvaille les «croustilles Saratoga» et en fit la spécialité de la maison!

Au début, on servait les croustilles comme garniture, de la même manière que des pommes de terre en purée ou au four. Il fallait beaucoup de patience pour faire des croustilles car les pommes de terre étaient pelées et tranchées à la main. Puis, en 1920, quelqu'un eut l'idée géniale d'inventer la machine à éplucher les pommes de terre et bientôt, des usines de croustilles ouvrirent leurs portes. Toutefois, seuls les habitants de la côte est ou ceux qui habitaient le long de la frontière entre le Canada et les États-Unis pouvaient se régaler de croustilles à satiété.

Mais un vendeur itinérant du nom de Herman Lay vint changer tout ça. Il remplit son coffre de voiture de sacs de croustilles et partit les vendre aux commerçants du sud des États-Unis. C'est ainsi que les croustilles de marque Lay sont devenues la première collation croquante et croustillante en Amérique du Nord!

En 1935, Edward Snyder, un cultivateur de Beaverdale, en Ontario, a commencé à faire des croustilles dans la cuisine de sa mère. Ses croustilles ont connu un tel succès, qu'il s'est lancé en affaires! Aujourd'hui, Hostess, la compagnie qu'il a fondée, fabrique plus de croustilles que toute autre compagnie au Canada.

Comment fait-on les croustilles ?

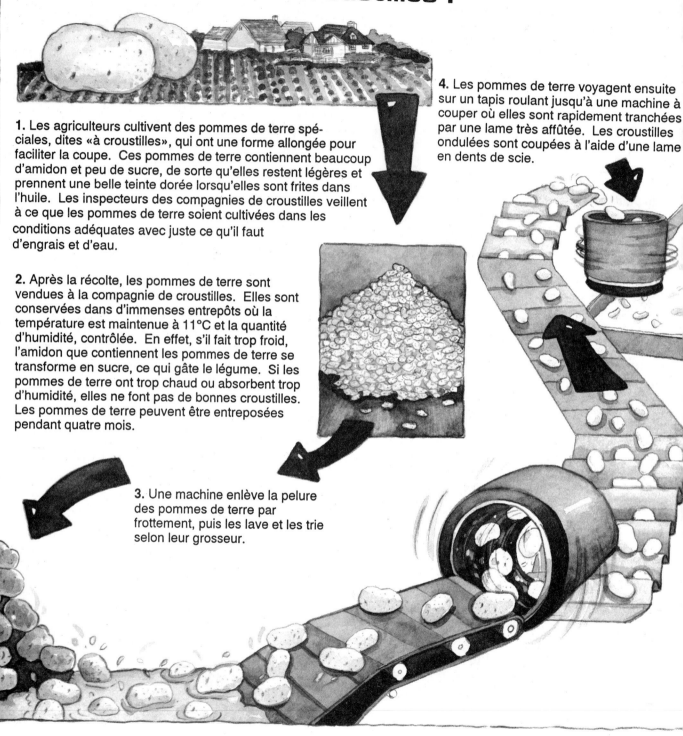

1. Les agriculteurs cultivent des pommes de terre spéciales, dites «à croustilles», qui ont une forme allongée pour faciliter la coupe. Ces pommes de terre contiennent beaucoup d'amidon et peu de sucre, de sorte qu'elles restent légères et prennent une belle teinte dorée lorsqu'elles sont frites dans l'huile. Les inspecteurs des compagnies de croustilles veillent à ce que les pommes de terre soient cultivées dans les conditions adéquates avec juste ce qu'il faut d'engrais et d'eau.

2. Après la récolte, les pommes de terre sont vendues à la compagnie de croustilles. Elles sont conservées dans d'immenses entrepôts où la température est maintenue à 11°C et la quantité d'humidité, contrôlée. En effet, s'il fait trop froid, l'amidon que contiennent les pommes de terre se transforme en sucre, ce qui gâte le légume. Si les pommes de terre ont trop chaud ou absorbent trop d'humidité, elles ne font pas de bonnes croustilles. Les pommes de terre peuvent être entreposées pendant quatre mois.

3. Une machine enlève la pelure des pommes de terre par frottement, puis les lave et les trie selon leur grosseur.

4. Les pommes de terre voyagent ensuite sur un tapis roulant jusqu'à une machine à couper où elles sont rapidement tranchées par une lame très affûtée. Les croustilles ondulées sont coupées à l'aide d'une lame en dents de scie.

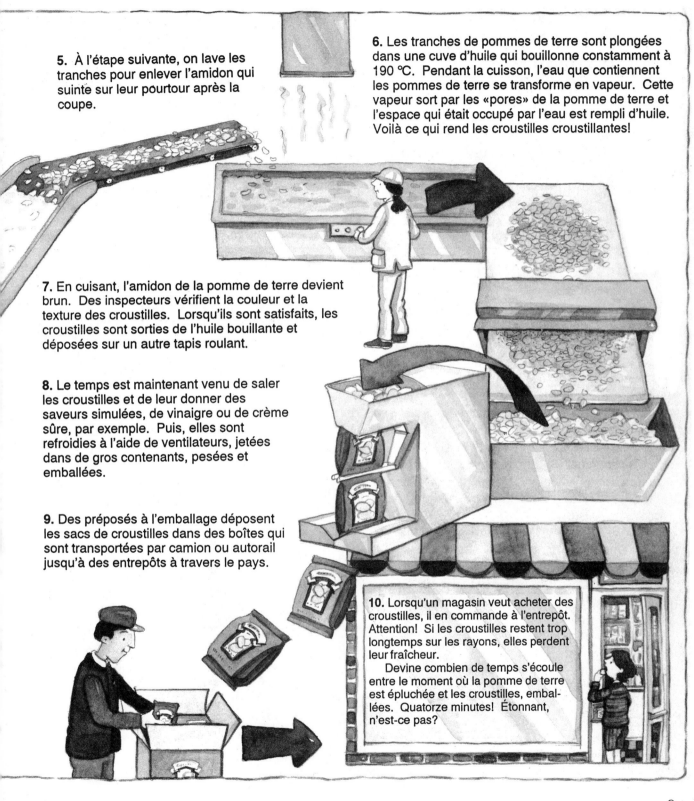

5. À l'étape suivante, on lave les tranches pour enlever l'amidon qui suinte sur leur pourtour après la coupe.

6. Les tranches de pommes de terre sont plongées dans une cuve d'huile qui bouillonne constamment à 190 °C. Pendant la cuisson, l'eau que contiennent les pommes de terre se transforme en vapeur. Cette vapeur sort par les «pores» de la pomme de terre et l'espace qui était occupé par l'eau est rempli d'huile. Voilà ce qui rend les croustilles croustillantes!

7. En cuisant, l'amidon de la pomme de terre devient brun. Des inspecteurs vérifient la couleur et la texture des croustilles. Lorsqu'ils sont satisfaits, les croustilles sont sorties de l'huile bouillante et déposées sur un autre tapis roulant.

8. Le temps est maintenant venu de saler les croustilles et de leur donner des saveurs simulées, de vinaigre ou de crème sûre, par exemple. Puis, elles sont refroidies à l'aide de ventilateurs, jetées dans de gros contenants, pesées et emballées.

9. Des préposés à l'emballage déposent les sacs de croustilles dans des boîtes qui sont transportées par camion ou autorail jusqu'à des entrepôts à travers le pays.

10. Lorsqu'un magasin veut acheter des croustilles, il en commande à l'entrepôt. Attention! Si les croustilles restent trop longtemps sur les rayons, elles perdent leur fraîcheur.

Devine combien de temps s'écoule entre le moment où la pomme de terre est épluchée et les croustilles, emballées. Quatorze minutes! Étonnant, n'est-ce pas?

Certains les aiment frites

Les croustilles ne constituent pas le seul régal des mordus de la pomme de terre. Les frites existent depuis l'an 1700 environ alors que des chefs français coupaient d'épaisses tranches de pommes de terre qu'ils faisaient frire. Thomas Jefferson, l'ambassadeur américain en France à cette époque, était tellement friand des frites que lorsqu'il est devenu président des États-Unis et qu'il s'est installé à la Maison-Blanche, il a demandé à son chef de lui en préparer. Ces épaisses rondelles de pommes de terres frites ont tôt fait de se retrouver partout en Amérique du Nord.

Aujourd'hui, les frites remportent la palme en tant que mets préféré des Nords-Américains. Nous mangeons au total 12 MILLIARDS de kilos de frites par an. Si on entassait toutes ces frites sur une balance géante, elles pèseraient plus que 33 500 Boeings 747 empilés les uns par-dessus les autres. Au début, toutes les frites étaient fraîches. Mais aujourd'hui, on mange davantage de frites congelées que de frites fraîches. Parions que tu connais déjà la réponse à cette question: Quel est le légume congelé le plus vendu à travers le monde entier? Les frites congelées, bien entendu! À la plus importante usine de frites congelées des États-Unis, la production n'arrête jamais et 1 500 personnes transforment 100 000 pommes de terre à l'heure!

Il n'est même pas nécessaire de fouiller dans son congélateur ou d'aller au restaurant pour manger des frites. Figure-toi qu'un inventeur canadien a fabriqué la première distributrice automatique de frites. Des frites légèrement cuites sont gardées dans un réfrigérateur situé à l'arrière de la machine.

Lorsqu'on insère son argent, les frites sont jetées dans l'huile bouillante et en 90 secondes, elles sont cuites, égouttées et déposées dans un contenant en carton!

Fais toi-même de délicieuses frites

Chaque nationalité a sa façon particulière de manger les frites. Par exemple, aux Pays-Bas les gens mangent leurs frites accompagnées de mayonnaise alors qu'aux États-Unis la majorité les déguste avec du ketchup. Au Canada, on les aime bien avec du vinaigre, et au Québec, les amateurs de frites font leurs délices de la «poutine», un mets constitué de frites nappées de sauce et de fromage en grains. La plupart du temps, les frites sont cuites dans l'huile. Cependant, l'huile chaude est dangereuse car elle peut éclabousser et brûler le cuisinier ou encore, s'enflammer. Qui plus est, trop de gras nuit à la santé. Alors pourquoi ne pas essayer cette recette de frites au four (sous la surveillance d'un adulte) la prochaine fois que tu auras une fringale de frites?

Voici ce dont tu auras besoin :

    quatre grosses pommes de terre à cuire au four
    un couteau de cuisine
    une c. à table d'huile végétale
    un petit bol
    une grande plaque à biscuits qui n'attache pas
    des mitaines de four
    une spatule de métal

    1. Fais chauffer le four à 245 °C (475 °F).

    2. Lave et frotte les pommes de terre. Ne les pèle pas. Coupe-les dans le sens de la longueur en tranches de 1 cm d'épaisseur. Coupe chaque tranche en bâtonnets de 0,5 cm.

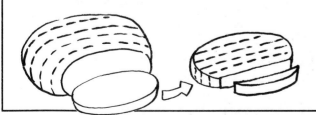

3. Verse l'huile dans un bol. En petites quantités, trempe les pommes de terre dans l'huile et dépose-les ensuite sur la plaque à biscuits.

4. Fais cuire les pommes de terre pendant 25 minutes.

5. Enfile tes mitaines, sors la plaque du four et retourne les frites avec la spatule.

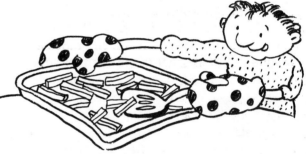

6. Remets les frites au four pendant 10 minutes encore. Saupoudre-les d'un peu de sel ou de fromage parmesan... bon appétit! Donne 4 portions.

11

UN JEU DE BASCULE

Même si tu as le Q.I. d'un génie, cette pomme de terre vacillante devrait t'amuser. Juste au cas où il te viendrait à l'esprit de t'interroger sur l'utilité de cette activité, essaie de découvrir pourquoi la pomme de terre vacille sans basculer.

Tu auras besoin de :

> quatre bâtonnets d'allumettes
> deux pommes de terre
> une pince coupante
> un cintre

1. Enfonce les bâtonnets d'allumettes dans une des pommes de terre comme si tu voulais lui faire des bras et des jambes. Essaie de faire tenir cette pomme de terre debout. Impossible, n'est-ce pas?

2. Dans la partie droite du cintre, coupe un morceau de 12 cm environ de longueur. Plie légèrement cette tige.

3. Enfonce une extrémité de la tige dans le «ventre» de ton personnage en pomme de terre.

4. Enfonce l'autre extrémité dans la deuxième pomme de terre.

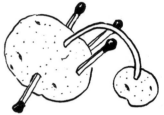

5. Place la pomme de terre munie de membres sur le bord d'une étagère de façon que l'autre soit suspendue dans le vide.

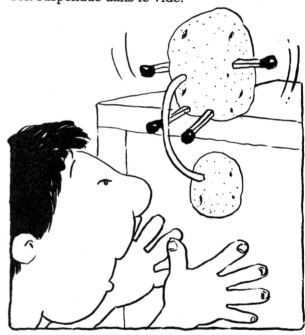

6. Observe-la vaciller.

Pourquoi la pomme de terre vacille-t-elle sans basculer? Parce que tu viens juste de découvrir son centre de gravité! Pour en apprendre davantage, fais l'expérience de la page suivante, «une question d'équilibre».

Une question d'équilibre

Demande à tes amis de faire tenir un morceau de pomme de terre en équilibre sur le bout d'un crayon. Il est fort probable qu'ils ne réussiront pas. Mais toi, tu peux y arriver en suivant ces instructions.

Voici ce dont tu auras besoin :
    une aiguille à coudre
    une demi-pomme de terre
    deux fourchettes
    un crayon muni d'une gomme à
        effacer à bout plat

1. Enfonce l'aiguille dans le centre de la partie la plus étroite de la pomme de terre en la faisant dépasser de 2,5 cm au moins.

2. Pique une fourchette de chaque côté de la pomme de terre de manière que les manches pendent vers le bas. Essaie d'enfoncer les fourchettes à peu près au milieu de la pomme de terre.

3. Tiens le crayon dans une main. Mets la pointe de l'aiguille sur la gomme à effacer. Elle devrait se tenir en équilibre. Sinon, rapproche les fourchettes du crayon.

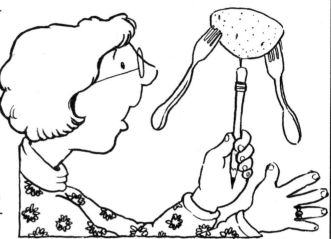

4. Lorsque la demi-pomme de terre se tient en équilibre, essaie de la faire tourner sur elle-même. Que se passe-t-il? Félicitations! Tu viens juste de réussir une expérience de physique sur l'équilibre et la gravité. Alors, que s'est-il passé?

Si tu essaies de faire tenir un morceau de pomme de terre en équilibre sur une aiguille, tu n'y arriveras pas. Pourquoi? Parce que l'aiguille n'est pas placée sous le centre de gravité, aussi appelé point d'équilibre. Lorsque tu enfonces les fourchettes dans le morceau de pomme de terre, le centre de gravité se déplace. Si les fourchettes sont juste au bon endroit, le point d'équilibre de la pomme de terre se déplace jusqu'au-dessus de l'aiguille.

Quand ton échafaudage «pomme de terre-aiguille-fourchettes-crayon» cesse de bouger, c'est que tu as découvert le point d'équilibre.

Une peau épaisse

Épate tes amis en déclarant que tu peux enfoncer une simple paille jusqu'au coeur d'une pomme de terre crue. La plupart te diront que c'est impossible. D'autres prétendront que c'est facile et tenteront l'expérience... pour se retrouver avec un tas de pailles pliées. Ils parieront alors que tu n'es pas capable de réussir. Ce truc te permettra de les déjouer.

Voici ce dont tu auras besoin :
> une paille en plastique ou en papier
> une pomme de terre nouvelle ou une
>   vieille que tu as fait tremper dans
>   l'eau pour en ramollir la peau

Bouche une extrémité de la paille avec ton pouce et enfonce-la de toutes tes forces dans la

pomme de terre. Assure-toi de tenir la paille parfaitement droite afin qu'elle soit perpendiculaire à la surface de la pomme de terre.

En recouvrant le bout de la paille de ton pouce, tu empêches l'air de s'échapper. Lorsque tu te sers de la paille pour frapper la pomme de terre, l'air contenu à l'intérieur est alors sous pression. La mince peau de la pomme de terre nouvelle ou la peau ramollie d'une pomme de terre pleine d'eau ne peuvent résister à une paille remplie d'air comprimé.

Un pouvoir nettoyant

Tu as renversé du ketchup sur tes vêtements et tu n'as pas de produits détachants? Qu'à cela ne tienne! Frotte une pomme de terre sur la tache et... Abracadabra! La tache disparaît. Tu peux en faire l'expérience sans toutefois tacher tes vêtements.

Voici ce dont tu auras besoin :
> un vieux vêtement ou un morceau de tissu
> une cuillerée de ketchup
> une cuillerée de moutarde
> une cuillerée d'huile
> une demi-pomme de terre
> du détergent à lessive
> de l'eau

1. Place ton morceau de tissu sur une surface lavable, comme un comptoir ou une table.
2. Fais-y pénétrer chacun des ingrédients salissants en frottant. Tu peux essayer de la terre, du jus de raisin ou toute autre substance difficile à nettoyer.
3. Laisse sécher les taches.
4. Frotte vigoureusement les taches avec la pomme de terre.

5. Lave le morceau de tissu avec de l'eau et du détergent.
6. Est-ce que ton détachant écologique a fait son travail?

Un légume qu'on ne retrouve pas seulement sur la table

Tu sais bien que les pommes de terre sont délicieuses à manger, mais tu étais certainement loin de te douter qu'elles peuvent servir de carburant pour les voitures, assurer le confort des athlètes et rendre la crème glacée plus lisse et plus consistante?

Lorsque Henry Ford a commencé à construire des automobiles au début du siècle, il craignait une pénurie d'essence bon marché. Donc, au lieu de forer des puits de pétrole, Ford a importé des pommes de terre d'Europe et s'est mis à cultiver d'immenses champs de pommes de terre. Vois-tu, il savait que les pommes de terre broyées et exposées à l'air fermentent et produisent de l'alcool éthylique. Ford avait envisagé que ses voitures seraient propulsées à l'essence de pomme de terre! Mais comme il n'y a pas eu de pénurie d'énergie à cette époque et que les sources de pétrole étaient abondantes, Henry a abandonné la culture des pommes de terre. Dommage, car son idée était très bonne. Vois-tu, les scientifiques ont découvert que moins de la moitié d'un acre de pommes de terre peut produire suffisamment de carburant pour remplir les réservoirs de 25 familiales.

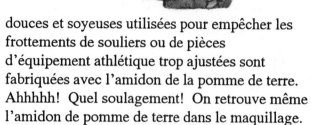

douces et soyeuses utilisées pour empêcher les frottements de souliers ou de pièces d'équipement athlétique trop ajustées sont fabriquées avec l'amidon de la pomme de terre. Ahhhhh! Quel soulagement! On retrouve même l'amidon de pomme de terre dans le maquillage.

Et à Idaho Falls, dans l'Idaho, Reed's Dairy est fière d'ajouter des flocons de pommes de terre à sa crème glacée afin de la rendre plus lisse et plus crémeuse. La compagnie annonce même sur ses contenants que la crème glacée Reed est préparée avec des pommes de terre de l'Idaho!

Mais en quoi la pomme de terre peut-elle être bénéfique pour les athlètes? Eh bien, les poudres

En fait, les pommes de terre se cachent dans bon nombre d'aliments dont tu raffoles. On en ajoute aux soupes, aux sauces, aux pâtes, aux plats préparés et aux produits laitiers à faible teneur en gras pour empêcher les ingrédients de se séparer, pour éviter que des cristaux de glace ne se forment dans les produits congelés et pour donner une texture plus crémeuse à certains aliments.

2. Les pommes de terre depuis les Andes jusque sur notre table

Étant donné que d'un océan à l'autre, presque tous les hommes, les femmes et les enfants sans exception mangent chaque jour des pommes de terre apprêtées d'une manière quelconque, on serait porté à croire que ce légume fait partie de l'alimentation des Nord-Américains depuis le début des temps. Bien que cette supposition soit logique, elle est fausse.

Les pommes de terre ne poussent pas à l'état sauvage ni au Canada, ni aux États-Unis. Il a fallu quelques Indiens inventifs de l'Amérique du Sud et quelques explorateurs européens cupides et affamés pour que la pomme de terre se retrouve sur la table des Nords-Américains. Suis la pomme de terre dans son périple autour du monde qui l'a menée des Andes jusqu'aux États-Unis, et découvre comment elle est devenue le légume le plus populaire du globe.

Dans les Andes, une question de vie ou de mort

Il y a dix mille ans, la période glaciaire touchait à sa fin en Amérique du Nord. Mais en Amérique du Sud, les indigènes pratiquaient déjà l'agriculture dans les jungles luxuriantes et humides du bassin de l'Amazone. Les archéologues croient qu'ils cultivaient et consommaient des fèves, du maïs, des avocats, des piments et des pommes de terre. Ils auraient pu vivre heureux jusqu'à la fin des temps si des tribus féroces, en maraude, ne les avaient pas repoussés de plus en plus haut dans les Andes. Vers l'an 2 500 avant Jésus-Christ, les Indiens avaient trouvé la paix et la sécurité sur un plateau aride et glacial des Andes, à 3 km d'altitude. Cependant, la vie y était très dure et le climat aussi. Les blizzards soufflaient même en août et des gelées mortelles pouvaient se produire au beau milieu de l'été. Mais les In-

diens ont survécu parce qu'ils ont appris à cultiver et à conserver les légumes violets, rouges et jaunes, pas plus gros que des cailloux, qui poussaient dans le sol. Ces légumes, qu'ils nommaient *papas (PAW-pus),* allaient par la suite être connus sous le nom de patate ou pomme de terre dans d'autres pays. Ces plants à la fois robustes et minuscules survivaient même quand leurs feuilles flétrissaient sous l'effet des gelées nocturnes. Comme ils n'avaient rien d'autre à manger, les Indiens ont développé des méthodes pour cultiver et utiliser les *papas* toute l'année durant. Ils n'en savaient rien, mais leurs *papas* contenaient presque toutes les substances nutritives nécessaires à leur survie.

La culture, la récolte et l'entreposage des *papas* constituaient une activité collective presque à plein temps. Il fallait trois personnes pour déterrer les minuscules pommes de terre : deux s'occupaient de les extraire de la terre à l'aide d'un outil appelé *taclla*, tandis qu'une autre ramassait les *papas* et les secouait pour enlever l'excès de terre. Les indigènes ne travaillaient pas longtemps dans l'air raréfié avant de tomber d'épuisement.

(Même de nos jours, quand des touristes séjournent dans un hôtel d'un plateau andin, on les avertit de ne pas fermer leurs fenêtres de façon trop étanche pendant les nuits froides. Il y a si peu d'oxygène dans l'air à ces altitudes qu'un touriste peu méfiant risque d'aspirer tout l'oxygène contenu dans la pièce et de mourir asphyxié.)

Pommes de terre déshydratées à l'ancienne

Les Indiens cultivaient deux variétés de pommes de terre. La première, qu'on appelait *chchoqhe (CHOE-kay),* était similaire à la pomme de terre à cuire au four. Les Indiens la faisaient rôtir dans la braise, exactement comme on le fait aujourd'hui, en camping.

La deuxième variété de pomme de terre, *lukki (LOU-key),* pouvait pousser à n'importe quelle température; mais, quand elle était cuite, sa chair devenait amère. Les Indiens en faisaient du *chuño (CHOON-yo),* une sorte de nourriture sèche qu'ils pouvaient manger pendant l'hiver. Voici comment ils préparaient cet aliment : une fois les *lukki* récoltées, elles étaient laissées dehors, sous un lit de paille. Après avoir gelé pendant plusieurs nuits glaciales, elles devenaient ratatinées et saturées d'eau. On ajoutait alors une autre couche de paille par-dessus, puis tous les habitants du village enlevaient leurs chaussures et piétinaient les pommes de terre pour les écraser. Lorsque toute l'eau avait été extraite, on faisait sécher les pommes de terre au soleil. C'est probablement de là que viennent nos actuelles pommes de terre déshydratées!

Ces pommes de terre pouvaient se conserver tout l'hiver dans un endroit sec. Les Indiens mélangeaient le *chuño* avec de l'eau et d'autres légumes et préparaient une espèce de ragoût. Il paraît que ce n'était pas exactement un repas gastronomique. En effet, les premiers explorateurs ont écrit dans leurs lettres que la nourriture indigène avait l'apparence du liège et goûtait le liège!

Esprit, es-tu là?

Comme la pomme de terre était essentielle à la survie des Indiens d'Amérique du Sud, ils n'est pas étonnant que ceux-ci lui vouaient un culte et la croyaient dotée de pouvoirs surnaturels. À l'époque où les Incas étaient les maîtres du Pérou, le souverain convoquait la diseuse de bonne aventure du village et celle-ci devait dénombrer par paires des pommes de terres formant une pile. S'il restait une pomme de terre, l'année à venir serait mauvaise.

Bien des siècles plus tard, en l'an 400 avant Jésus-Christ, le peuple Chimu du Pérou offrait des sacrifices humains à l'esprit

qui veillait sur la récolte de pommes de terre.

Les archéologues croient que les Chimu mutilaient leurs victimes de manière à les faire ressembler aux pommes de terre de la région. Celles-ci ont des yeux très profonds, si profonds qu'on dirait des bouches ouvertes garnies de dents. Les Indiens avaient découvert que les pommes de terre avec les plus grandes «bouches» pouvaient être divisées en plusieurs morceaux pour produire plus de pommes de terre la saison suivante. Quelle meilleure façon de plaire à l'esprit que de découper de grandes bouches sur les sacrifiés?

Les conquistadors aussi mangeaient des pommes de terre

La pomme de terre n'aurait peut-être jamais été découverte si les Espagnols ne s'étaient pas lancés à la recherche de mines d'or et d'une légendaire cité secrète, entièrement en or, appelée El Dorado.

Les conquistadors, ces cupides explorateurs, réduisirent les Incas à l'esclavage et les firent travailler dans les mines d'or et d'argent. Mais, toutes ces richesses ne leur suffisaient pas et ils poursuivirent leurs recherches en vue de découvrir l'El Dorado. Ils se traînèrent à travers les jungles humides, traversèrent des rivières aux eaux troubles et infestées de piranhas, escaladèrent les montagnes et durent combattre toutes sortes de maladies. Lorsqu'ils atteignirent les plateaux supérieurs des Andes, ils étaient à moitié morts de froid et de faim et perdaient leurs dents les unes après les autres. Ils survécurent grâce aux Indiens et à leurs *papas*.

Cultive une pomme de terre qui n'en est pas une

Devine quelle est la plus proche parente de la pomme de terre. Tu as répondu la patate douce? Tu es dans les patates! D'ailleurs tu fais mieux de donner ta langue au chat. C'est l'aubergine. La patate douce n'a rien en commun avec la pomme de terre. Cette dernière appartient à la famille des douces-amères tandis que la patate douce est dans la lignée des plantes rampantes. Néanmoins, les plantes se ressemblent et les cuisiniers affirment que l'on peut utiliser les mêmes recettes pour les pommes de terre que pour les patates douces.

Il y a plusieurs siècles, les navigateurs européens rapportèrent un nouveau légume des Antilles : un tubercule de forme ovale, de couleur orangée et au goût douceâtre qu'ils désignaient par son nom indigène *batata*. Les Européens ne tardèrent pas à découvrir que les *batatas* étaient sucrées et constituaient une délicieuse friandise.

Les patates douces sont succulentes lorsqu'elles sont cuites et servies en purée avec de la cannelle et du jus d'orange. Et leur culture ne demande pas beaucoup de soins. Après quelque temps, tu verras que ta plante ressemble beaucoup à une jolie vigne à fleurs appelée belle-de-jour.

Voici ce dont tu auras besoin:
  trois cure-dents
  une patate douce — c'est mieux d'en utiliser une organique parce qu'ainsi, elle ne contiendra aucun produit chimique pouvant empêcher sa croissance.
  un bocal ou tout autre contenant ayant une ouverture étroite
  de l'eau

1. Enfonce les cure-dents autour du milieu de la patate douce.

2. Remplis le contenant d'eau presque jusqu'au bord.
3. Fais tremper l'extrémité pointue de la patate douce dans l'eau. Les cure-dents prendront appui sur le bord du bocal de sorte que la plus grosse partie de la patate ne sera pas immergée.

4. Observe-la germer et regarde jusqu'à quelle longueur la vigne peut pousser.

Des débuts plutôt obscurs

Espagne

AMÉRIQUE DU SUD

Océan Atlantique

Pérou

Les explorateurs espagnols n'avaient pas sous-estimé la valeur de la pomme de terre, un aliment facile à préparer et à entreposer. Elle se conservait bien pendant les longs voyages en mer et quoique les navigateurs n'eussent jamais entendu parler des vitamines (personne d'autre non plus, d'ailleurs), on s'est vite rendu compte que ceux qui mangeaient des pommes de terre pendant les traversées ne perdaient pas leurs dents ni ne souffraient de saignements des gencives et de déformations osseuses. C'est que les pommes de terre, très riches en vitamine C, empêchaient les marins de contracter une maladie mortelle appelée scorbut. Néanmoins, il a fallu attendre jusqu'en 1570 pour que les navigateurs espagnols rapportent des pommes de terre chez eux afin de les cultiver.

La pauvre pomme de terre n'a pas connu un succès immédiat. En effet, elle avait piètre apparence et les gens ne savaient trop quoi en

faire. Des archives datant de 1573 révèlent qu'un hôpital servait des pommes de terre à ses patients. Cependant, on ne dit pas si ceux-ci auraient préféré autre chose!

Les navigateurs italiens achetèrent probablement des pommes de terre en Espagne pour en faire la culture dans leur pays puisque ça faisait alors très chic de cultiver d'étranges plantes provenant de terres exotiques comme le Pérou.

Peu de temps après, un ambassadeur pontifical fit don de quelques jeunes plants de pommes de terre à un célèbre botaniste belge. Celui-ci en fit la culture et envoya à son tour des jeunes plants à ses amis, un peu partout en Europe. Comme la plupart des gens n'avaient pas la moindre idée de ce qu'ils pouvaient faire avec cette nouvelle plante, ils la cultivaient et donnaient les informes racines brunes à manger aux cochons!

Des Antilles à l'Angleterre

Tu te dis probablement que la pomme de terre est arrivée en Angleterre par bateau, via la France ou les Pays-Bas. Ce sont effectivement les navigateurs qui ont introduit la pomme de terre en Angleterre, mais pas par cette route.

C'est à Sir Francis Drake qu'on attribue le mérite d'avoir importé les premières pommes de terre en Angleterre. Ce corsaire passait le plus clair de son temps à piller les galions qui revenaient d'Amérique du Sud et c'est à bord de l'un de ces navires espagnols, dans les Antilles, qu'il a découvert la pomme de terre, en 1586. Il en rapporta au pays et en donna quelques-unes à son grand ami, Sir Walter Raleigh, lequel habitait près de Cork, en Irlande. Il ne fallut pas longtemps pour que Sir Walter Raleigh se retrouve avec un plein champ de pommes de terre. Certains croient que Sir Walter Raleigh a également cultivé des pommes de terre à

Sir Walter Raleigh

Roanoke, en Virginie. En fait, il s'agit d'une légende car celui-ci n'a jamais mis les pieds en Virginie! Et les pommes de terre n'ont fait leur apparition en Amérique que beaucoup plus tard.

Caviar, pommes de terre et poison

Dans les îles britanniques, la pomme de terre a mis beaucoup de temps avant de devenir populaire. En fait, au cours des années 1660, la pomme de terre était une denrée rare et chère que seuls les riches pouvaient se payer.

En outre, bien des gens considéraient la pomme de terre comme un aliment maléfique. Extrêmement superstitieux, ils pensaient qu'en mangeant des pommes de terre, leur peau deviendrait ridée, sale et grumeleuse!

Savais-tu que la peau de la pomme de terre est en fait du liège, exactement comme celui qu'on emploie pour fabriquer les bouchons de bouteilles de vin?

Il n'y a rien de pire que de faire patate à un examen! Eh, oui, tu as compris! Ça signifie échouer.

D'autres trouvaient plutôt louche cette croissance souterraine. Après tout, les plus beaux fruits tels que les pommes et les poires ne poussaient-ils pas au grand jour, en plein soleil? La pomme de terre était forcément un aliment dégoûtant et malsain pour être obligée de se cacher ainsi dans le sol. Les Écossais, un peuple très pieux, se refusaient à manger des pommes de terre car il n'en était pas fait mention dans la Bible. Et au début du dix-neuvième siècle, les Anglais attribuaient à la pomme de terre des vertus aphrodisiaques : selon la croyance, une seule de celles-ci pouvait transformer la personne la plus détachée en un être passionné.

Hommage à Parmentier

En 1744, la majeure partie de l'Europe était un champ de bataille. La Prusse, qui occupait anciennement à peu près les mêmes territoires que l'Allemagne que nous connaissons aujourd'hui, était constamment en guerre, au grand désarroi de son roi, Frédéric II le Grand, qui voyait son peuple mourir de faim. Ayant beaucoup voyagé, il connaissait la pomme de terre et décida de lutter contre la superstition populaire et d'encourager les gens à manger cet aliment nutritif. Les Prussiens cultivaient déjà la pomme de terre, mais ils en nourrissaient leur bétail.

Le souverain demanda à ses chefs cuisiniers d'inventer de nouvelles recettes à base de pomme de terre et veilla à ce que chaque foyer du pays possède des copies de ces recettes. Peine perdue, le peuple continuait à donner les pommes de terre aux animaux. Loin de s'avouer vaincu, Frédéric distribua des paniers de pommes de terre à travers le pays, puis il imposa une nouvelle loi : cultivez les pommes de terre et mangez-les... sous peine de vous faire couper les oreilles! Inutile de dire que sa méthode s'avéra très efficace.

Les pommes de terre devinrent rapidement l'élément de base de l'alimentation des Prussiens. Au moment de la guerre de Sept Ans entre la Prusse et la France (de 1756 à 1763), tous les habitants du pays mangeaient des pommes de terre.

Un agriculteur français du nom de Auguste Parmentier, fait prisonnier pendant cette guerre, survécut en prison en ne mangeant pratiquement rien d'autre que des pommes de terre. À son retour en France, à la fin de la guerre, Parmentier voulut faire connaître aux familles françaises cet

sol pauvre des Sablons. En effet, à sa sortie de prison, il avait étudié et éprouvé les meilleures méthodes de culture de la pomme de terre. Sachant très bien que les Français ne voudraient pas manger la même nourriture que les porcs, Parmentier fit semblant que cet aliment était si précieux qu'il devait être conservé sous bonne garde. Cependant, il ordonna aux soldats de se laisser soudoyer et de permettre aux fermiers de «voler» les pommes de terre pour qu'ils puissent les planter à leur tour. Son plan réussit : il semble que les gens sont incapables de résister à l'attrait du fruit défendu.

Mais Parmentier ne s'arrêta pas là. Il convia les plus grands noms de France à un souper composé de mets à base de pommes de terre, depuis le potage jusqu'au dessert. La reine portait même des fleurs de pomme de terre dans ses cheveux. Le souper connut un immense succès et la pomme de terre fut élevée à un rang plus noble. Même de nos jours, les grands chefs français rendent hommage à Parmentier lors de soupers de gala où naturellement la pomme de terre est à l'honneur.

aliment sain et nutritif. Il alla donc voir le roi et lui proposa de cultiver des pommes de terre pour nourrir les indigents. Peu enthousiaste, le roi lui octroya des terres infertiles, baptisées les Sablons, non loin de Paris. À l'instar de Frédéric le Grand, Parmentier eut recours à certains subterfuges pour changer l'opinion publique à l'égard de la pomme de terre.

Conformément aux attentes de Parmentier, les pommes de terre réussirent à pousser malgré le

La Grande Famine

En Irlande, l'été 1845 avait été déprimant, froid et pluvieux. Les fermiers se plaignaient de s'éreinter à travailler tandis que leurs patrons, de gros et riches propriétaires fonciers, faisaient bonne chère et fréquentaient les concerts et les théâtres, à Londres.

Toutes les familles de paysans peinaient dans les champs pour un salaire de misère : un sac de pommes de terre par jour pour chaque travailleur, homme, femme ou enfant. Certaines familles, plus chanceuses, possédaient une vache laitière (et devine de quoi était nourrie cette vache) ou un cochon qu'on tuait pour la viande. Les paysans irlandais mangeaient des pommes de terre au déjeuner, au dîner et au souper. Ils fabriquaient même une sorte de whisky avec les pelures de pommes de terre. Ils menaient une vie simple et ardue, sans aventure.

Mais un jour, un fermier remarqua une tache noire sur une feuille de plant de pommes de terre. «Je me demande bien ce que ça peut être», se dit-il. Comment pouvait-il se douter que cette redoutable tache noire sur son plant de pommes de terre était le début d'une maladie, le mildiou, qui allait ravager toutes les cultures d'Irlande et causer la mort, par la maladie ou l'inanition, de plus d'un million d'Irlandais. En effet, l'aliment de base de ce peuple disparaissait du jour au lendemain. Les pauvres fermiers ne disposaient d'aucune aide, qu'elle soit sous forme de nourriture ou d'argent. Il n'y avait rien d'autre à faire que mourir ou partir.

Mildiou de la pomme de terre

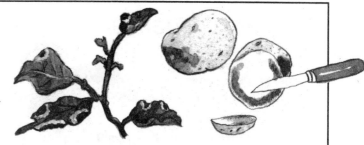

Le mildiou de la pomme de terre qui a ravagé l'Irlande pendant la Grande Famine n'était pas le premier, ni le dernier. Il a été causé par un champignon qui s'est propagé de New York au Canada, vers 1843. Sa course se serait probablement arrêtée là si les Canadiens n'avaient pas envoyé sans le savoir une cargaison de pommes de terre infectées en Belgique. Presque tous les pays du globe cultivant la pomme de terre ont été touchés, mais l'Irlande l'a été plus durement étant donné que ses habitants dépendaient presque uniquement de la pomme de terre pour leur alimentation et leur revenu.

Le champignon existe depuis longtemps et semble être là pour de bon. Par temps sec et chaud, il est en repos végétatif. Il se développe quand la température est froide et humide, vers la fin du cycle de croissance de la pomme de terre. Chaque fois que la température et le moment s'y prêtent, le champignon s'attaque aux plants de pommes de terre. Les agriculteurs connaissent maintenant les symptômes et peuvent sauver les pommes de terre en les récoltant plus tôt ou en vaporisant des produits chimiques pour tuer le mildiou. Malheureusement, les scientifiques n'ont pas encore réussi à créer une pomme de terre à l'épreuve du mildiou.

Tout le monde était stupéfait. Personne ne savait ce qui arrivait. Le fermier qui palpait ses plants noircis n'avait aucune idée de la cause de ce problème. Était-ce une malédiction de Dieu? Était-ce la pluie?

Non, ça ne pouvait être la pluie, argumentaient les experts. L'Irlande avait connu des étés encore plus pluvieux et les récoltes n'avaient pas été affectées. C'était certainement à cause de l'électricité, prétendaient d'autres effrayés par les lumières dans les villes. «Ce n'est pas naturel!» se lamentaient-ils.

La science en était encore à ses balbutiements, et personne ne comprenait qu'un champignon invisible attaquait les plants. Les spores du champignon étaient transportées dans l'air et lorsqu'elles se déposaient sur un plant, les pluies froides favorisaient leur adhérence et elles se nourrissaient à même le plant. Les spores se développaient et leurs racines s'enfonçaient profondément dans le plant, absorbant toutes ses substances nutritives. En une semaine, le plant infecté noircissait et mourait.

Comme à cette époque, on ne comprenait pas la nature des maladies parasitaires, l'année suivante, les gens plantèrent quelques pommes de terre qui semblaient avoir été épargnées. Mais elles étaient infectées. Résultat : il n'y eut pas de récolte cette année-là non plus. L'Irlande devint un pays fantôme. Les paysans mouraient ou s'entassaient à bord de bateaux sales et infestés de maladies, espérant trouver une vie meilleure au Canada et aux États-Unis.

Les conditions de vie à bord de ces bateaux étaient si abominables qu'on les avait surnommés cercueils flottants en raison du nombre imposant de passagers qui y mouraient.

Prépare un dessert mystérieux

Laisse tes invités se pâmer et s'exclamer avant de leur dire que l'ingrédient secret de ton dessert est en fait de la purée de pomme de terre! Ne te laisse pas dérouter par cet ingrédient secret... goûtes-y. Tu vas en raffoler!

Voici ce dont tu auras besoin :

    un moule à pain d'une capacité de 2 L
    du papier ciré
    cinq carrés de chocolat non sucré
    une c. à thé de café instantané
    un bain-marie ou un bol allant au
        four à micro-ondes
    un bol à mélanger moyen

    un mélangeur électrique
    125 g de beurre mou
    375 g de sucre
    cinq jaunes d'oeuf
    une c. à thé de vanille ou d'essence
        d'amande
    500 g de pommes de terre chaudes
        en purée (fraîches ou instantanées)
    une cuillère ou une spatule

1. Recouvre l'intérieur du moule à pain avec le papier ciré
2. DEMANDE L'AIDE D'UN ADULTE pour faire fondre le chocolat et le café ensemble au bain-marie ou au four à micro-ondes. Lorsque ce mélange est fondu,

Savais-tu que la pomme de terre a même donné son nom à une guerre? En effet, la guerre de *Kartoffelkrieg* (1778-79) opposait les Prussiens et les Autrichiens. En allemand, *Kartoffel* signifie pomme de terre et *Krieg* veut dire guerre. Lorsque les Prussiens attaquaient, ils mangeaient toutes les pommes de terre des champs autrichiens. À leur tour, les soldats autrichiens attaquaient et dévoraient les pommes de terre des champs prussiens. La guerre prit fin quand les soldats des deux armées ne trouvèrent plus une pomme de terre à se mettre sous la dent.

jaunes d'oeufs et l'essence choisie.

6. Ajoute ensuite le mélange de chocolat fondu et de café aux autres ingrédients.

7. Ajoute les pommes de terre en purée et continue de battre jusqu'à ce que le mélange soit bien homogène.

8. Verse ce mystérieux délice dans le moule, recouvre d'un papier ciré et place le tout au réfrigérateur pour 24 heures au moins. Donne 12 tranches minces.

retire du feu et laisse refroidir.

3. Dépose le beurre dans le bol et, à l'aide du mélangeur électrique, fouette-le jusqu'à ce qu'il devienne jaune pâle et crémeux.

4. Ajoute lentement le sucre et continue de battre jusqu'à ce qu'il soit complètement incorporé au beurre.

5. Sans arrêter de battre le mélange, ajoute les

Savais-tu qu'une pomme de terre s'est déjà faite complice de l'évasion de prison d'un célèbre gangster? John Dillinger prit une pomme de terre de forme allongée dans laquelle il sculpta un pistolet. À l'aide de teinture d'iode, il colora son oeuvre en noir et réussit à convaincre les gardes qu'il était dangereusement armé! Ou Dillinger était un maître du camouflage ou ses gardes n'avaient jamais vu un pistolet de près!

Devine ce qu'on a utilisé pour simuler des flocons de neige dans le film *Rencontre du troisième type?* Des flocons de pommes de terre déshydratées.

Les pommes de terre font leur entrée dans le Nouveau Monde

Quelques-uns des premiers colons venus s'établir au Canada et aux États-Unis cultivaient des pommes de terre pour leur consommation personnelle et celle de leurs animaux. Toutefois, il a fallu attendre la vague d'immigrants irlandais, après 1845, pour que la pomme de terre devienne populaire en Amérique du Nord.

Le premier rapport officiel sur la culture de ce petit légume à la mine rébarbative à l'Île-du-Prince-Édouard date de 1771 et avait été envoyé en Angleterre par le gouverneur de la colonie. Seulement 19 années plus tard, il y avait tellement de pommes de terre sur l'île que les cultivateurs en exportaient en Nouvelle-Écosse et au Nouveau-Brunswick.

Aujourd'hui, cette île située dans le golfe du Saint-Laurent, qui constitue la plus petite province du Canada, produit le tiers de la récolte de pommes de terre pour l'ensemble du pays,
soit plus de 820 millions de kilos par année. Les journées chaudes, les nuits fraîches, la terre rouge riche en fer et les pluies abondantes constituent un climat idéal pour la culture de la pomme de terre. Et nul besoin d'exporter des pommes de terre de l'Île-du-Prince-Édouard au Nouveau-Brunswick, qui a aussi une production assez imposante, merci!

Aux États-Unis, les premières pommes de terre étaient cultivées par des immigrants écossais et irlandais, dans le New Hampshire. Jusqu'à ce que les frites et les croustilles deviennent une passion nationale, c'est Aroostook County, dans le Maine, qui détenait le record de production de pommes de terre pour les États-Unis. Cet honneur revient maintenant à l'Idaho, où l'on cultive la Russet Burbank, la pomme de terre idéale pour les frites.

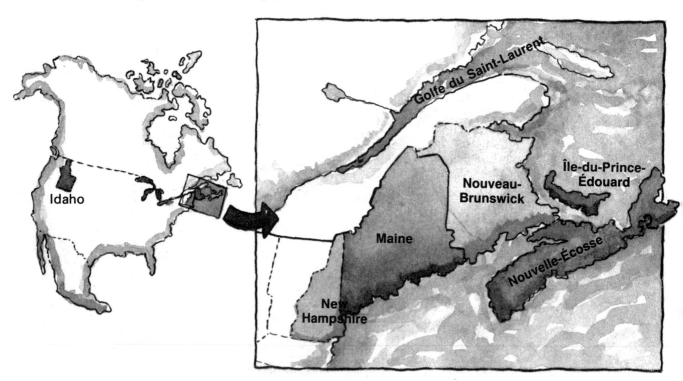

Une pomme de terre placée sur un muscle endolori ou des plaies purulentes absorbe toute la douleur.

Si tu fais bouillir des pommes de terre, conserve l'eau pour foncer tes cheveux, nettoyer l'argenterie et garder les vestes et les souliers de cuir propres et doux!

Éloigne les rhumatismes et l'eczéma en gardant une pomme de terre dans ta poche.

Si tu as une verrue, frotte-la avec un morceau de patate, puis enterre celui-ci. Au fur et à mesure que la pomme de terre pourrit dans le sol, ta verrue disparaît!

Mythes et miracles

La pomme de terre semble susciter bien des controverses : on l'aime ou on la déteste. En effet, dans différentes régions du monde, on attribue à la pomme de terre des vertus miraculeuses ou encore des pouvoirs maléfiques. Que penses-tu de ces vieilles (et pas si vieilles!) croyances au sujet de la pomme de terre?

Si tu déverses un seau de pommes de terre bouillies dans un champ de patates, tu feras pourrir tous les plants.

Tu t'es fait des ennemis dernièrement? En Italie, les gens inscrivaient le nom d'un ennemi sur un bout de papier et épinglaient ce papier sur une pomme de terre en utilisant le plus d'aiguilles possible. On disait que la personne sur laquelle on avait jeté un tel sort allait trouver une mort pénible dans un avenir rapproché.

Une femme enceinte ne devrait pas manger de pommes de terre, car son bébé risque de naître avec une grosse tête.

Célèbre un festival

En décembre de chaque année, les enfants juifs du monde entier célèbrent la Hanoukka. Pendant ce festival qui dure huit jours, les enfants assistent à toutes sortes de fêtes, pratiquent des jeux spéciaux et savourent des mets particuliers.

La Hanoukka célèbre un miracle qui s'est produit pendant une guerre, il y a plus de deux mille ans. Le peuple syrien s'était emparé d'un temple sacré juif, à Jérusalem, mais un groupe de soldats hébreux, dirigé par Judas Maccabée, réussit à le reprendre. Voulant purifier le temple pour le consacrer de nouveau à Dieu, Maccabée et ses disciples ne trouvèrent qu'une amphore d'huile sacrée pour entretenir la flamme du temple, la menorah. Il y avait à peine assez d'huile pour une seule journée. Ils versèrent tout de même l'huile dans la menorah et l'allumèrent. Ô miracle! L'huile brûla pendant huit jours.

Les familles juives commémorent ce miracle en allumant, lors de la Hanoukka, des bougies dans un bougeoir spécial. Ce bougeoir contient huit bougies ainsi qu'un espace pour la bougie shammus (qui travaille). Chaque jour du festival, on allume une nouvelle bougie juste avant le coucher du soleil. À la fin du festival, on allume les huit chandelles.

La nourriture est tout particulièrement succulente pendant la Hanoukka. L'un des mets les plus appréciés est la crêpe aux pommes de terre, ou latke, qui est frite dans l'huile. Chaque famille garde jalousement sa recette de latkes. Tu peux essayer cette version, mais n'oublie pas que l'huile chaude est dangereuse. Demande à un adulte de t'aider à faire la friture.

On peut faire des latkes n'importe quand durant l'année, mais ces délicieuses crêpes ont une signification particulière pendant la Hanoukka.

Voici ce dont tu auras besoin :
  une passoire
  un bol à mélanger moyen
  un couteau éplucheur
  six pommes de terre moyennes
  une râpe
  un gros oignon
  un oeuf
  une fourchette
  50 mL de lait
  125 g de farine
  une c. à thé de sel
  du poivre
  de l'huile à friture
  une friteuse ou une casserole à fond épais
  une cuillère à crème glacée
  une spatule
  des essuie-tout
  de la purée de pommes ou de la crème sure

1. Dépose la passoire dans le bol à mélanger. Pèle les pommes de terre puis râpe-les dans la passoire.

2. Écrase les pommes de terre râpées avec tes mains afin d'extraire l'eau qu'elles contiennent. Laisse reposer les pommes de terre pendant une dizaine de minutes et écrase-les de nouveau. Mets la passoire de côté et jette toute l'eau qu'il y a dans le bol. Transvide les pommes de terre

dans le bol.

3. Râpe l'oignon et ajoute-le aux pommes de terre.

4. Bats l'oeuf à l'aide de la fourchette et incorpore celui-ci, le lait, la farine, le sel et le poivre aux pommes de terre.

5. Mélange bien le tout.

6. Verse suffisamment d'huile dans la casserole pour couvrir le fond. Fais chauffer l'huile. Demande l'aide d'un adulte.

7. Chaque crêpe correspond à une cuillerée à crème glacée de mélange. Dépose la cuillerée de mélange dans la casserole et écrase-la à l'aide de la spatule. Tu peux faire trois crêpes en même temps. Retourne chaque crêpe une fois, lorsque le dessous prend une couleur dorée. Lorsque les crêpes sont uniformément dorées, dépose-les sur une feuille de papier essuie-tout afin d'éponger l'huile de cuisson.

8. Sers les crêpes avec de la purée de pommes ou de la crème sure. Cette recette permet de satisfaire trois gourmands ou six gourmets.

IL ÉTAIT UNE FOIS...

Tous les conteurs du monde ont leur propre version de cette légende à propos d'un pauvre fermier et d'un riche et cupide propriétaire foncier. Si tu racontes à ton tour cette histoire autour d'un feu de camp, tu respecteras une vieille tradition.

Il y a longtemps de cela, il y avait deux fermiers. Pauvre Jacques se rendit chez Alfred le Richard, le propriétaire foncier le plus riche et le plus cupide de la région, et demanda à ce dernier de lui louer une parcelle de terre.

- D'accord, dit Alfred le Richard, après quelques minutes de réflexion. Mais à condition de partager.

- Partager quoi? demanda Pauvre Jacques.

- Eh bien, je garderai la partie supérieure de la récolte et toi, la partie inférieure.

Pauvre Jacques accepta et aussitôt après son départ, Alfred le Richard se mit à se tordre de rire. Pauvre Jacques n'avait pas conclu une très bonne affaire! En effet, tout le monde sait bien qu'on récolte la partie supérieure des plants et que la partie inférieure est constituée de racines.

Pauvre Jacques laboura, planta et sarcla jusqu'au moment de la récolte.

- Nous avons une belle récolte, Alfred, dit-il. Viens chercher ta part, car je suis prêt à déterrer mes pommes de terre.

Voyant le champ de plants de pommes de terre flétris, Alfred le Richard se jura que Pauvre Jacques ne le reprendrait plus.

Ainsi, l'année suivante, lorsqu'il loua sa terre à Pauvre Jacques, il lui dit qu'il voulait la partie inférieure, cette fois.

Pauvre Jacques laboura, planta et sarcla jusqu'au moment de la récolte.

- Nous avons une belle récolte, Alfred, dit-il. J'ai pris toute l'avoine qui poussait au-dessus. Que veux-tu faire avec la paille du dessous?

Alfred le Richard était furieux!

- L'année prochaine, cria-t-il, je prendrai la partie supérieure et la partie inférieure!

- Mais qu'est-ce qui me restera, à moi? demanda Pauvre Jacques en se grattant la tête.

- Mais, le milieu, voyons, gloussa Alfred le Richard.

Cette fois, il était certain de s'être montré plus malin que Pauvre Jacques. Mais ce dernier laboura, planta et sarcla jusqu'au moment de la récolte. Lorsque Alfred le Richard vit ce que cultivait Pauvre Jacques, il se mit à hurler de dépit.

Pauvre Jacques avait planté du maïs. Alfred le Richard se retrouva avec des tiges et des espèces de quenouilles tandis que Pauvre Jacques garda les épis.

L'année suivante, Jacques et Alfred conclurent un nouveau marché. Cette fois, ils se partagèrent équitablement la moitié de toutes les récoltes et Jacques cessa d'être pauvre.

Fabrique un chauffe-mains... comestible

Les amateurs de football de l'ouest du Canada ont trouvé un moyen de se réchauffer les mains pendant les dernières parties de la saison de football — qui se déroulent souvent par un temps glacial — tout en se procurant un goûter nutritif et bon marché : le chauffe-mains à la patate chaude.

C'est facile à faire, alors pourquoi ne pas te fabriquer un chauffe-mains la prochaine fois que tu iras patiner ou dévaler les pentes de ski?

Voici ce dont tu auras besoin :

> une pomme de terre à cuire au four
> une fourchette
> un couteau de table
> des garnitures — du fromage râpé, du
>   bacon émietté, du beurre, de la cibou-
>   lette, ou tout autre ingrédient de ton goût
> deux feuilles de papier d'aluminium pour
>   emballer la pomme de terre

1. Fais chauffer le four à 220 °C (425 °F).
2. Lave, frotte et assèche la pomme de terre. Perce-la à plusieurs endroits à l'aide de la fourchette.

3. Dépose la pomme de terre directement sur la grille du four et fais-la cuire pendant 1 heure 15 minutes ou jusqu'à ce qu'elle soit mollette au toucher.
4. Découpe un grand X sur le dessus de la pomme de terre et mets-y la garniture de ton choix.

5. Enveloppe la pomme de terre dans le papier d'aluminium. Mets-la dans tes poches et prends-la dans tes mains chaque fois qu'elles ont besoin d'être réchauffées. Et quand tu auras un petit creux, tu pourras manger ton chauffe-mains!

Savais-tu qu'il existe un musée entièrement consacré à la pomme de terre? Il a été fondé en 1975, en Belgique, mais il se trouve maintenant à Washington, D.C.

Les conservateurs, Tom et Meredith Hughes, ont recueilli plus de 2 500 articles tels que des chansons, des timbres et des affiches sur la pomme de terre, ainsi que des accessoires comme des éplucheurs et des presse-purée.

Mais ce n'est pas tout! Ils publient même un magazine entièrement consacré à cet étonnant légume, auquel s'abonnent les gens!

Le jeu des noms

Lorsque les *papas* ont été décrites pour la première fois, en 1553, par un conquistador, elles ont été comparées à un champignon de forme ronde qui pousse sous terre et qu'on appelle truffe. Ce nom est resté quoique les *papas* ne ressemblent en rien aux truffes. Les francophones de notre époque désigneraient peut-être encore les pommes de terre sous le nom de truffes si quelqu'un n'avait pas pris les premières *papas* arrivées en Europe pour des patates sucrées, ou batata. La *papa* a donc été baptisée patata, d'où le terme français patate.

Peux-tu associer le mot qui désigne la pomme de terre en différentes langues à son pays ou sa région d'origine? (Tu trouveras les termes dans la case au bas de la page). Voici quelques indices: deux de ces termes sont utilisés dans plus d'un pays et un autre est celui qu'emploient les scientifiques à travers le monde.

Essaie ensuite de suivre la route que la pomme de terre a empruntée pour devenir populaire. Les réponses sont à la page 64.

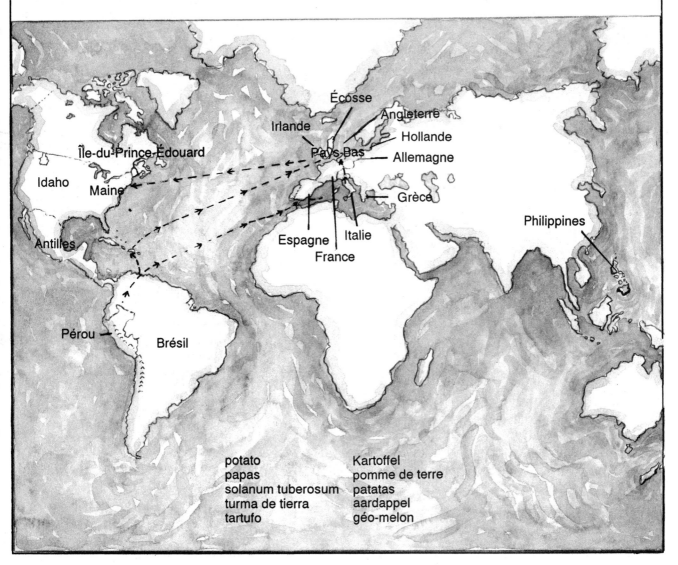

Écosse
Angleterre
Irlande
Hollande
Pays-Bas
Allemagne
Île-du-Prince-Édouard
Idaho
Maine
Grèce
Philippines
Antilles
Italie
Espagne
France
Pérou
Brésil

potato	Kartoffel
papas	pomme de terre
solanum tuberosum	patatas
turma de tierra	aardappel
tartufo	géo-melon

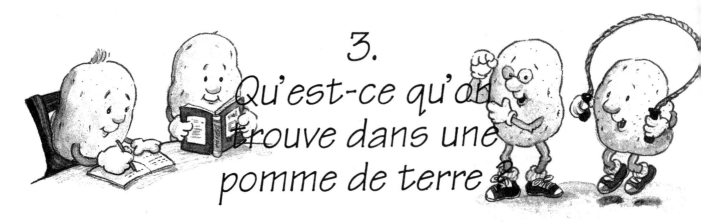

3.
Qu'est-ce qu'on trouve dans une pomme de terre?

Pour un enfant affamé des Philippines ou une famille défavorisée en Inde, la pomme de terre pourrait faire toute la différence entre la vie et la mort. Les enfants pauvres du Pérou à qui l'on sert des pommes de terre en purée, avec du lait et un peu de beurre ou d'huile, réussissent mieux à l'école et deviennent plus forts et en meilleure santé.

Les scientifiques qui travaillent au Centre international de la pomme de terre, à Lima, au Pérou, estiment que la pomme de terre pourrait régler le problème de la faim dans le monde!

Dans la plupart des pays, le riz, le blé et le maïs sont à la base de l'alimentation. Mais au dire des experts, la culture de la pomme de terre coûte moins cher, est plus facile et plus rapide. En outre, la pomme de terre possède davantage d'éléments nutritifs que le riz, le blé ou le maïs et peut pousser à peu près n'importe où dans le monde, sauf peut-être au milieu du désert ou d'une forêt tropicale humide.

Ne serait-ce pas merveilleux si tous les pays de la planète pouvaient cultiver des pommes de terre et ainsi nourrir leurs plus démunis? Les scientifiques croient que c'est possible grâce aux nouveaux types de pommes de terre. Mais au fait, tu dois commencer à te demander ce que contient ce légume miracle!

Un aliment prodigieux

Si tu échouais sur une île déserte, quelles sont les deux choses que tu voudrais avoir avec toi?
Tu ne risques pas de te tromper en disant un panier de pommes de terre et une vache pour produire du lait. Si tu entreposais la moitié des pommes de terre et que tu plantais le reste, tu aurais assez de nourriture saine pour une année entière et tu pourrais même servir un banquet à l'équipage du bateau venu te secourir!

Seulement deux pommes de terre par jour te fournissent toute la vitamine C dont tu as besoin. De même, chaque pomme de terre contient de l'eau, des protéines, du gras, des hydrates de carbone, du calcium, du phosphore, du fer, du sodium, du potassium, de la vitamine A, de la thiamine, de la riboflavine, de la niacine, de la vitamine B_6, du cuivre, du magnésium, de l'iode, de l'acide folique et du zinc. *Fiou!* Pas étonnant que la pomme de terre soit considérée comme la solution aux problèmes de nutrition du globe!

Ouvre grand!

Quel est le légume préféré des dentistes? La pomme de terre, bien sûr, car les gens dont l'alimentation est principalement constituée de ce légume ont moins de caries. Pourquoi? Parce que les pommes de terre ne collent pas aux dents et les fibres rugueuses de sa chair agissent comme de petites brosses à dents quand tu mastiques.

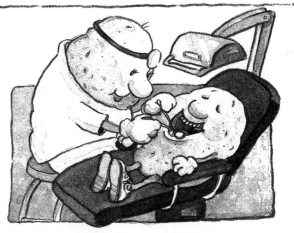

La Vitamine P?

La pomme de terre est un remède miraculeux. La vitamine C qu'elle contient guérit le scorbut. La vitamine B_1 empêche l'hydropisie, une terrible maladie qui se caractérise par un épanchement de liquides dans les cavités naturelles et les tissus conjonctifs du corps, de même que le béribéri, une maladie nerveuse qui conduit à l'invalidité. La vitamine B_2 de la pomme de terre prévient également la pellagre, une maladie pouvant causer une profonde dépression.

Voyage au centre de la pomme de terre

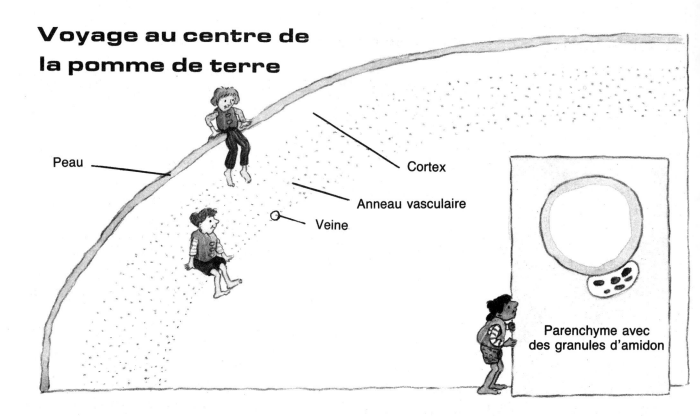

Peau

Cortex

Anneau vasculaire

Veine

Parenchyme avec des granules d'amidon

Si on te faisait rétrécir jusqu'à la taille d'une puce électronique et qu'on t'injectait à l'intérieur d'une pomme de terre, que trouverais-tu? Eh bien, d'abord, croise tes doigts et espère que tu n'atterriras pas, ou plutôt que tu n'amerriras pas au centre de la pomme de terre, à moins que tu ne portes un gilet de sauvetage miniaturisé. En effet, le centre de la pomme de terre s'appelle la moelle, mais pour un enfant miniaturisé, ce pourrait tout aussi bien être l'océan Atlantique, car c'est là que la pomme de terre garde toute son eau. Et il y en a beaucoup : l'eau constitue près de 80 % du poids de la pomme de terre.

Nage jusqu'au bord et hisse-toi dessus. Tu es probablement assis sur l'anneau vasculaire. Cet anneau entoure la moelle, mais il contient une myriade de veines minuscules et tu risquerais de te perdre si tu t'y aventurais. Repose-toi plutôt et observe le glucose qui vient des feuilles jaillir dans les veines. Attention! Tiens-toi bien! Il ne faut surtout pas tomber dans cette grosse cellule vide, à côté. C'est un parenchyme qui sera bientôt rempli de granules d'amidon.

Éloigne-toi lentement du centre. Te voilà dans le cortex, l'étroite bande qui contient presque le tiers des substances nutritives de la pomme de terre. Tu achèves maintenant ton voyage. Est-ce que tu sens ce morceau épais et rugueux sur la paroi extérieure? C'est la peau. Elle protège la pomme de terre pendant sa croissance et conserve l'humidité à l'intérieur. Plus la pomme de terre est vieille, plus la peau est épaisse.

Sors en perçant la peau. Maintenant que tu as repris ta taille normale, prends une croustille et examine-la attentivement. Peux-tu dire comment se nomme l'anneau foncé près de la bordure extérieure?

Oui! C'est le cortex.

À chaque pomme de terre son métier et...

Si tu as un jour la chance d'aller visiter le Pérou, ne manque pas d'aller au marché où les cultivateurs indigènes vendent leurs produits. Quel plaisir pour les yeux! Sur des couvertures étendues au sol sont disposés une multitude de paniers remplis de pommes de terre dont les couleurs rappellent des pierres précieuses. Tu pourrais même ne pas reconnaître ces légumes car ils ne ressemblent en rien aux pommes de terre de l'Amérique du Nord ou de l'Europe.

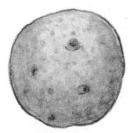

On retrouve plus de 5 000 variétés de pommes de terre dans les Andes seulement. Certaines sont longues et noueuses, d'autres ressemblent à des tire-bouchons; certaines sont en forme de U et d'autres, en forme de poivron vert. Leurs couleurs varient : violet, ivoire, écarlate ou doré. Il y a tant de formes, de tailles et de couleurs de pommes de terre que le quechua, la langue indienne, compte 1 000 termes différents pour désigner la pomme de terre. Certains de ces termes sont très descriptifs. Par exemple, on nomme «lumchipamundana» une pomme de terre qui est dure, noueuse et difficile à peler. En français, cela se traduit par «patate qui fait pleurer jeune mariée».

En Amérique du Nord, il y a beaucoup moins de variétés de pommes de terre. En fait, la plupart des agriculteurs n'en cultivent que huit, car ils veulent être bien certains de vendre leur récolte. Comme la plus grosse partie des récoltes est vendue à des grosses compagnies qui fabriquent des croustilles, des frites, des pommes de terre déshydratées et des pommes de terre sautées, les agriculteurs cultivent les variétés que recherchent ces compagnies.

Celles-ci savent exactement quelle est la meilleure pomme de terre à cuire au four : la rousse, mince et allongée, qui pousse parfaitement bien dans les Maritimes et en Idaho. La pomme de terre rousse est aussi idéale pour les frites. Pourquoi? Parce qu'elle se coupe facilement en bâtonnets et comme elle est riche en amidon, elle ne brunit pas trop rapidement, n'absorbe pas trop d'huile de cuisson et reste légère!

Un nom pour chaque pomme de terre

En Amérique du Nord, les cultivateurs préfèrent ces variétés de pommes de terre :

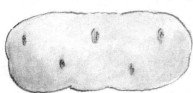

Rousse
(comme la Russet Burbank, la Norgold Russet)

Blanche
(comme la Kennebec, la Sebago)

Rouge
(comme la Red La Soda, la Chieftain)

Jaune
(comme la Yukon Gold, la Bintje)

Un légume amidonné!

La pomme de terre est principalement constituée d'eau et d'amidon. Il y a une bonne raison à cela. En effet, la pomme de terre pousse peut-être sous terre, comme la carotte et le panais, mais contrairement à eux, la pomme de terre, elle, n'est pas un légume-racine, mais plutôt un tubercule. Un quoi? Un tubercule est une excroissance du rhizome du plant. Mais qu'est-ce qu'un rhizome? C'est la partie souterraine de la tige, qui contient les réserves nutritives du plant.

Lorsqu'un plant de pommes de terre pousse, les feuilles produisent une importante quantité de substance nutritive appelée glucose. Mais il vient un temps, après la première poussée de croissance, où le plant produit plus de glucose qu'il peut en utiliser. Cette quantité supplémentaire est donc acheminée dans la tige, jusqu'à l'extrémité du rhizome. Une fois que le glucose y est entreposé, les petites molécules de glucose s'accrochent les unes aux autres pour former un grain d'amidon. Au fur et à mesure que la plante emmagasine de l'amidon, l'extrémité du rhizome allonge et s'arrondit pour former un tubercule. Tu connais déjà les tubercules, mais sous un autre nom : la pomme de terre.

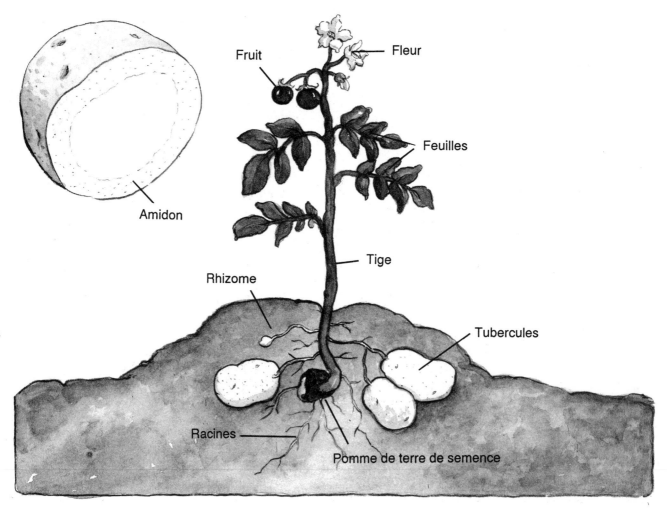

Amidon

Fruit

Fleur

Feuilles

Tige

Rhizome

Tubercules

Racines

Pomme de terre de semence

Et elle sait nager!

Il existe des centaines de variétés de pommes de terre, de formes, de tailles, de couleurs et de textures différentes. Mais si on y regarde de plus près, il y a deux principales catégories de pommes de terre : celles à faible teneur en amidon et celles qui sont riches en amidon. Les pommes de terre de table contiennent peu d'amidon et conservent leur fermeté quand on les fait bouillir ou qu'on en met dans les soupes et les ragoûts. Les pommes de terre à cuire au four contiennent beaucoup d'amidon et deviennent floconneuses lorsqu'elles sont cuites, pilées ou frites.

Tu n'as pas besoin d'être un cultivateur pour déterminer quel genre de pomme de terre se trouve dans ton garde-manger. Tu n'as qu'à faire cette petite expérience.

Voici ce dont tu as besoin :
250 g de sel
3 L d'eau

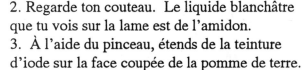

un grand bol
des pommes de terre d'aspects différents
— essaie une pomme de terre à peau rouge, une pomme de terre brune de forme allongée et une Yukon Gold.

1. Verse l'eau et le sel dans le bol.
2. Essaie de faire flotter les différentes pommes de terre. Quelles sont celles qui coulent et celles qui flottent?

Les scientifiques te diraient que tu viens juste de découvrir quelles pommes de terre ont la gravité spécifique la plus élevée. C'est une façon de parler du poids des objets dans l'eau. Les pommes de terre riches en amidon ont une gravité spécifique plus élevée que les pommes de terre à faible teneur en amidon.

Refais l'expérience sans ajouter de sel dans l'eau cette fois. Est-ce que ça fonctionne? Le sel facilite-t-il la flottaison des objets dans l'eau?

Où se cache donc l'amidon?

Tu sais maintenant que les pommes de terre contiennent de l'amidon. Mais où se cache donc cette substance? Découvre à quels endroits la pomme de terre emmagasine son amidon en faisant le test suivant.

Voici ce dont tu as besoin :
un couteau de table
une pomme de terre
un petit pinceau
de la teinture d'iode (en vente dans les pharmacies)

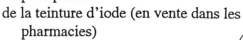

1. Coupe la pomme de terre en deux.

2. Regarde ton couteau. Le liquide blanchâtre que tu vois sur la lame est de l'amidon.
3. À l'aide du pinceau, étends de la teinture d'iode sur la face coupée de la pomme de terre.

4. Là où il y a de l'amidon, la teinture d'iode passe du brun au violet.

Est-ce que certaines parties de la pomme de terre contiennent plus d'amidon que d'autres? Fais l'expérience avec une pomme de terre de table et une pomme de terre à cuire au four. Vois-tu une différence? Mets une pomme de terre au frigo pour la nuit et refais l'expérience.

RPEOU

STFEIR

DOSIQNUATORC

NODIMA

EOUGLCS

UTUCEELBR

REZMHOI

DOIAH

ULEEPR

LLCESUOITR

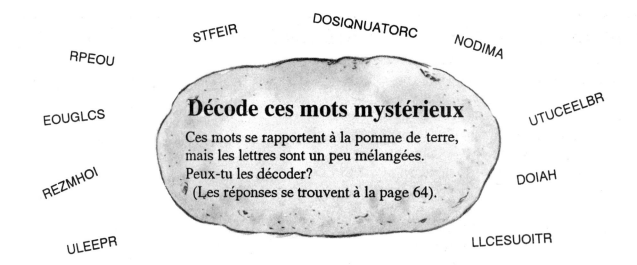

Décode ces mots mystérieux

Ces mots se rapportent à la pomme de terre, mais les lettres sont un peu mélangées. Peux-tu les décoder?

(Les réponses se trouvent à la page 64).

Écosacs

Tu as déjà entendu parler de poches de patates, n'est-ce pas? Ce sont des sacs en toile qui contiennent des pommes de terre. Mais as-tu déjà entendu parler de sacs de pomme de terre? Ces sacs ont l'apparence de sacs de plastique ordinaires, sauf qu'ils sont faits à partir... d'amidon de pomme de terre.

La plupart des sacs de plastique sont à base de pétrole et peuvent durer éternellement. En effet, si tu enterres un sac de plastique aujourd'hui, il sera intact dans 100 ans d'ici. Ces sacs ne sont pas biodégradables et par conséquent, ils contribuent à la pollution.

Les scientifiques effectuent constamment des recherches afin de découvrir de nouveaux matériaux à la fois résistants et écologiques. Au New Jersey, un groupe d'experts a découvert qu'en chauffant, l'amidon de pomme de terre produit un liquide gluant qui, une fois refroidi, a la même apparence et les mêmes propriétés que le plastique. Et la bonne nouvelle, c'est que le «plastique» à base de pomme de terre est composé de carbone et d'oxygène et se transforme en gaz carbonique et en eau lorsqu'il est enfoui dans le sol.

Qui sait? Peut-être verrons-nous bientôt des jouets et d'autres produits fabriqués avec du «plastique» d'amidon de pomme de terre.

Fais verdir une pomme de terre

À moins que tu ne cultives des pommes de terre dans ton jardin, tu n'as probablement jamais vu de feuille de plant de pommes de terre ou de semences de pommes de terre. La feuille ressemble un peu à sa cousine, la feuille de tabac, et les semences ont l'air de petites tomates vertes (une autre parente). Mais ne mâchouille surtout pas les feuilles, et ne croque pas les graines. Vois-tu, il y a un mouton noir dans la famille de la pomme de terre : la belladone, une plante vénéneuse. Les feuilles et les fruits de la pomme de terre regorgent d'un pesticide naturel et vénéneux appelé atropine, le même poison que l'on retrouve dans la belladone.

Voici ce dont tu auras besoin :

une pomme de terre
un plat
un endroit ensoleillé

1. Dépose la pomme de terre dans le plat et laisse-la au soleil pendant quelques jours.
2. Observe la pomme de terre pour voir si elle verdit.

La pomme de terre que l'on déterre ou que l'on retire d'une poche n'est pas vénéneuse. Mais si on la laisse au soleil, de légume agréable au goût qu'elle était, elle risque de devenir vénéneuse. Il est peu probable qu'une bouchée de pomme de terre verte te fasse mourir, mais elle goûterait certainement mauvais et tu risquerais d'être très malade. Fais cette expérience qui te permettra d'observer une pomme de terre devenir verte.

À l'intérieur de la pomme de terre se trouvent de petites cellules ovales appelées parenchymes. Ces cellules sont blanches en apparence et chacune loge un grain d'amidon. Lorsqu'une pomme de terre reste au soleil, ces parenchymes se font dire de changer de travail. Au lieu d'emmagasiner de l'amidon, ils commencent à produire de la chlorophylle et se transforment en chloroplastes. La chlorophylle d'une pomme de terre contient l'atropine.

Il y a une bonne leçon à tirer de cette expérience : si tu cultives des pommes de terre, veille à ce qu'elles ne voient jamais le soleil. Et si tu entreposes des pommes de terre, place-les dans un endroit sec et sombre.

Et patati! et patata!

Si quelqu'un te dit que tu es dans les patates, ça veut dire que tu es dans l'erreur.

Patate chaude

Sais-tu ce qu'est une patate chaude? C'est un problème délicat, embarrassant, dont personne ne peut s'occuper ou parler.

Jolies étampes

Oh, non! La fête d'anniversaire débute dans deux heures et il n'y a pas la moindre feuille de papier d'emballage dans la maison. Voici comment créer ton propre papier d'emballage et faire sensation! C'est également une façon amusante de recycler le papier!

Voici ce dont tu auras besoin :

    un couteau tranchant
    une pomme de terre
    un crayon marqueur
    du papier journal
    des essuie-tout ou un vieux chiffon
    de la détrempe ou de la gouache
    un petit contenant de plastique
    une feuille de papier — de la texture et
      de la dimension qui te conviennent

1. Coupe minutieusement la pomme de terre en deux, dans le sens de la largeur.

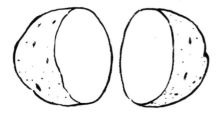

2. À l'aide d'un crayon marqueur, dessine sur une moitié de pomme de terre une forme simple — une étoile, par exemple. (Conserve l'autre moitié.)

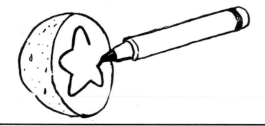

3. À l'aide du couteau, découpe à l'extérieur des lignes de ton dessin et enlève la chair tout autour de manière à mettre la forme dessinée en relief. Elle devrait ressortir de 1 cm. Assèche les rebords de la forme à l'aide

d'un essuie-tout.

4. Recouvre ton espace de travail de vieux journaux. Verse la peinture dans le contenant.

5. Trempe la partie coupée de la pomme de terre dans la peinture. Veille à ce que l'étampe soit entièrement recouverte de peinture, mais attention, n'en mets pas trop! Presse fermement l'étampe sur le papier. Recommence en appuyant l'étampe au hasard ou en suivant un modèle quelconque.

Tu peux faire du papier d'emballage encore plus original en utilisant plusieurs couleurs et en faisant chevaucher les empreintes. Ou encore, sculpte deux étampes différentes avec chaque moitié de pomme de terre et crée un imprimé unique. Et pendant que tu y es, tu pourrais fabriquer ta propre «griffe» et personnaliser un chapeau, un t-shirt ou un sous-vêtement.

M. Patate

Lorsque M. Patate a été inventé, le jeu consistait en une poche remplie d'accessoires de plastique incluant des lunettes, des souliers, des chapeaux, des oreilles et des yeux de différentes formes, et une pipe. Les enfants devaient fournir la pomme de terre qui servait de corps. Mais les mères n'ont pas tardé à se plaindre parce que les enfants ne se souvenaient jamais de l'endroit où ils avaient laissé leur M. Patate. On finissait par retrouver des pommes de terre en état de décomposition avancée sous un lit ou derrière un radiateur.

La génération suivante de M. Patate a pris le marché d'assaut avec une pomme de terre en plastique et des accessoires qui permettaient aux enfants de créer non seulement un M. Patate, mais aussi des rejetons. La toute dernière génération de la famille Patate est vendue sans pipe, puisque le tabac est nocif pour la santé. À la place, les enfants peuvent créer des patates de l'ère des loisirs, avec des accessoires tels que des masques de plongée!

Mais tu peux créer toute une famille de M. Patate en utilisant la bonne vieille méthode.
Voici ce dont tu auras besoin :
>   une pomme de terre
>   un couteau de cuisine
>   des fruits, des légumes, des herbes
>   des cure-dents

1. Utilise la pomme de terre pour faire le corps et façonne un visage en fixant, à l'aide de cure-dents, des morceaux de carotte, de céleri, de pomme, etc.

2. Fais des cheveux avec du persil, du fenouil ou des feuilles de carotte.

Tu peux aussi créer toute une ménagerie. Quatre bouts de carotte et une tête de violon peuvent annoncer un amusant cochon patate. Il n'y a qu'un seul problème : éventuellement, ton chef-d'oeuvre en pomme de terre va ratatiner et pourrir. Jette vite ta création avant qu'elle ne commence à sentir mauvais. Oh! Mais tu pourrais faire des personnages ou des animaux avec des pommes de terre cuites au four ou bouillies... et les manger au souper!

4. Vise un peu cette binette

La prochaine fois que tu retireras d'un sac de pommes de terre un objet étrange, légèrement ratatiné et criblé de petites pousses et de racines blanches ondulées, ne crie pas. Ce n'est pas un extra-terrestre, mais seulement un tubercule qui germe.

Comment les pommes de terre poussent-elles?

Si tu examines attentivement le tubercule, tu t'apercevras que les pousses sortent à certains endroits seulement. Elles prennent naissance dans des creux que l'on appelle les yeux. Et la courbe au-dessus s'appelle l'arcade, sans blague!

Chaque oeil contient plusieurs bourgeons et lorsque la pomme de terre commence à croître, ces bourgeons se développent en épaisses pousses blanches dont les extrémités sont formées de grappes de feuilles repliées sur elles-mêmes. Chaque pousse devient la tige et les feuilles du nouveau plant de pommes de terre. À la base de chaque pousse, on retrouve de longs fils blancs. Ce sont les racines et les rhizomes. L'eau et les substances nutritives contenues dans le sol sont absorbées par les radicelles, puis acheminées par les racines jusqu'à la tige et aux feuilles. Le rhizome commence à grossir lorsque la plante a presque terminé sa croissance. N'oublie pas que c'est le rhizome qui devient le tubercule, soit la partie comestible.

Si tu plantes ta pomme de terre germée assez profondément dans la terre, que tu l'arroses et que tu la recouvres de terre à mesure qu'elle pousse, tu auras un beau plat de pommes de terre d'ici trois mois. Si tu déterrais tes tubercules un peu plus tôt, tu aurais des pommes de terre nouvelles — elles sont toutes petites et leur mince peau s'arrache facilement quand tu la frottes entre tes doigts. Pour certains, les patates nouvelles sont une véritable gourmandise qu'ils préfèrent au chocolat.

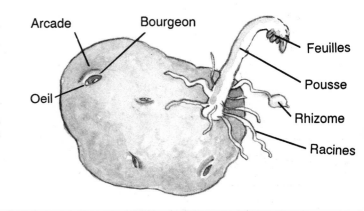

46

Brrrrrr... ne fais pas geler tes pommes de terre

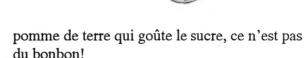

Tu peux empêcher tes pommes de terre de germer en les conservant dans un endroit sombre à une température de 7 ° à 10 °C pour une période pouvant aller jusqu'à trois mois. Si tu les conserves plus longtemps, elles risquent de pourrir et si elles sont dans un endroit plus chaud, elles vont probablement germer. Suis l'exemple des anciens qui entreposaient leurs pommes de terre dans des caves fraîches, sèches et sombres. Mais ne garde surtout pas de pommes de terre au réfrigérateur. À moins de 4 °C, l'amidon contenu dans les tubercules se transforme en sucre et une

pomme de terre qui goûte le sucre, ce n'est pas du bonbon!

De nos jours, la plupart des pommes de terre vendues en magasin sont revêtues d'une mince pellicule de produits chimiques afin d'empêcher la germination. Mais il demeure que les meilleures pommes de terre sont celles qui ont été entreposées adéquatement.

Des semences qui ne sont pas destinées à la plantation

La plupart des légumes et des fruits poussent à partir de semences. Tu as probablement déjà planté des graines et récolté des carottes, des pois et des haricots. Alors pourquoi ne pas planter de graines quand on veut cultiver des pommes de terre? La réponse demande une petite explication.

Il y a effectivement des graines de pommes de terre, qui sont formées comme toutes les graines.

Les différents éléments de la fleur de la pomme de terre

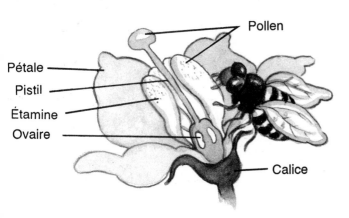

Pollen

Pétale

Pistil

Étamine

Ovaire

Calice

Une fois que la tige et les feuilles du plant de pommes de terre ont fini de croître et que le tubercule souterrain a grossi, le plant fleurit. La majorité des plants de pommes de terre possèdent des fleurs blanches aux étamines jaune vif, mais certains se distinguent par leurs éclatantes fleurs pourpres ou mauves.

Pendant que les abeilles butinent d'une fleur de pomme de terre à l'autre, à la recherche de nectar, le pollen poisseux des étamines de la fleur adhère à leurs pattes velues. Lorsque l'insecte s'arrête sur une fleur pour boire du nectar, un peu de ce pollen tombe sur le pistil.

Le pollen contient des spermatozoïdes qui voyagent dans le pistil jusqu'à l'ovaire. Celui-ci renferme des ovules composés de minuscules cellules. Lorsqu'un spermatozoïde s'unit à une cellule, une graine commence à se former. L'ovaire grossit et devient le fruit de la pomme de terre, lequel ressemble à une tomate cerise de couleur verte. Chacun de ces fruits renferme jusqu'à 200 graines. Les cultivateurs désignent ces graines sous le nom de véritables semences de pomme de terre.

Les gens ne mangent pas le petit fruit vert de la pomme de terre pour une bonne raison : il est vénéneux. On a dû se passer le mot car le dernier cas connu de décès par empoisonnement à la pomme de terre remonte à 1933.

En réalité, les plants de pommes de terre portant de véritables semences sont plutôt rares. En effet, les phytogénéticiens (ceux qui se spécialisent dans l'obtention de nouveautés végétales) ont trouvé un moyen de produire des plants qui ne donnent pas de semences et un grand nombre d'agriculteurs cultivent ces plants car les véritables semences de pomme de terre ne servent à rien de toute façon.

Si on laissait faire la nature, le fruit de la pomme de terre tomberait sur le sol à l'automne et les semences seraient ainsi plantées, prêtes pour le printemps. Ou encore, les animaux mangeraient le fruit et déposeraient les semences contenues dans leurs excréments à un nouvel endroit. Au printemps suivant, un nouveau plant surgirait de la terre et le cycle de la reproduction recommencerait.

Mais quel genre de pomme de terre obtient-on quand on laisse faire la nature? À peu près n'importe quoi. Les pommes de terre pourraient avoir les yeux de leur mère et la forme de leur père! Ou pire, elles pourraient ressembler à des parents éloignés qui eux, ont l'air de tire-bouchons noir et pourpre! Mais ce n'est pas ce que veulent les cultivateurs, et encore moins les fabricants de croustilles et de frites. Agriculteurs et fabricants doivent savoir exactement à quels types de pommes de terre ils ont affaire!

En Amérique du Sud, on retrouve plus de 5 000 variétés de pommes de terre étant donné

qu'on les laisse pousser à l'état sauvage. Il y a plusieurs siècles, les Indiens des Andes cultivaient les pommes de terre à partir des semences et mangeaient tous les tubercules. Mais en Amérique du Nord, nous ne permettons pas aux pommes de terre de pousser à l'état sauvage à partir de véritables semences. Les cultivateurs utilisent plutôt des pommes de terre spéciales, appelées pommes de terre de semence, pour entreprendre une nouvelle culture.

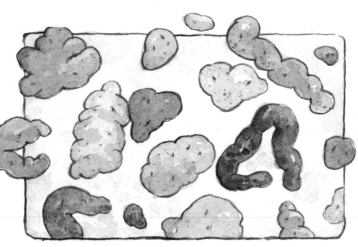

Des clones de pommes de terre

Les pommes de terre de semence sont des tubercules entiers ou des morceaux de tubercule comportant un oeil, qui sont plantés afin de produire de nouveaux plants de pommes de terre. Les tubercules produits par le plant sont identiques à leurs parents. Ce sont des clones.

Il est capital que les pommes de terre de semence soient exemptes de parasites ou de maladies. En effet, si elles sont infectées, le champ au complet risque d'être contaminé. C'est d'ailleurs ce qui s'est produit pendant la Grande Famine, alors que les pauvres paysans irlandais continuaient à planter des pommes de terre infectées! Les agriculteurs savent que lorsqu'ils achètent des «pommes de terre de semence certifiées», qui viennent principalement des Pays-Bas et de l'Île-du-Prince-Édouard, celles-ci sont parfaitement saines.

Au Canada, le gouvernement veille à ce que les pommes de terre de semence soient produites dans un milieu extrêmement stérile. A l'une des plus importantes fermes de production de pommes de terre de semence, Elite Farm, située sur l'Île-Fox (qui est reliée à l'Île-du-Prince-Édouard par une chaussée), les camions doivent traverser un fossé rempli de désinfectant avant de pénétrer dans les champs de pommes de terre, juste au cas où la terre incrustée dans leurs pneus serait infectée.

Les agriculteurs qui cultivent les pommes de terre de semence doivent désinfecter leurs vêtements et leurs chaussures avant de marcher dans un de leurs champs. Lorsque des producteurs de pommes de terre de semence se rencontrent, ils ne se disent pas «Salut!» mais plutôt «T'es-tu lavé les pieds?»

Une coupe rentable!

Les indigènes du Pérou avaient découvert qu'une pomme de terre coupée en morceaux comportant des yeux produisait plus de tubercules qu'une pomme de terre entière. Jusqu'au début du siècle dernier, les cultivateurs coupaient les pommes de terre en morceaux à l'aide de couteaux tranchants. Puis, un inventeur qui voulait activer la coupe tout en réduisant le travail inventa le couteau Eureka à pédales. Assis sur le couteau, le fermier poussait un levier avec son pied et la pomme de terre était tranchée par deux couteaux.

Une quarantaine d'années plus tard, on inventa un couteau électrique. L'opérateur plaçait les pommes de terre sur un tapis roulant comportant des espaces pour les différentes grosseurs de pommes de terre, et ce tapis passait sous un jeu de couteaux. Cette machine était plus rapide que son ancêtre et avait l'avantage de couper différentes grosseurs de pommes de terre en même temps.

Mais toutes ces machines à couper les pommes de terre ont un gros défaut en commun : quand un couteau coupe une pomme de terre infectée, la maladie continue à vivre sur les lames et contamine les pommes de terre saines lorsqu'elles sont coupées à leur tour. De nos jours, les grosses exploitations de pommes de terre évitent de plus en plus cette étape de coupe et plantent principalement de minuscules pommes de terre entières.

Des pommes de terre éprouvette

Les agriculteurs et les scientifiques veulent être bien certains que les pommes de terre qu'ils plantent sont saines. Il est parfois facile de détecter les pommes de terre qui sont malades, car elles sont recouvertes de croûtes et de points, ou de plaies noires et pire encore. Mais certains virus sont invisibles et il n'y a alors aucun moyen de savoir si la pomme de terre est malade.

Pour résoudre ce problème, les scientifiques produisent des pommes de terre éprouvette. Pour ce faire, ils prélèvent un oeil sur une pomme de terre saine, puis ils enlèvent les couches extérieures et placent ce qui reste sur la plaquette d'un microscope. Avec beaucoup de précision, ils pratiquent alors une incision dans le centre et extraient un minuscule bourgeon blanc, aussi petit qu'une tête d'épingle. Mais ce petit point renferme tout ce qu'il faut pour faire pousser un plant de pommes de terre! On l'appelle méristème.

Les méristèmes subissent un traitement à la chaleur afin de tuer dans l'oeuf toute éventuelle maladie. Ils sont ensuite plantés dans une éprouvette, avec une gelée spéciale contenant toutes les substances nutritives nécessaires à la croissance d'un plant de pommes de terre. Lorsque les jeunes plants sont plus gros, on leur fait subir d'autres tests pour bien s'assurer qu'ils sont sains.

Le scientifique coupe ensuite le plant en morceaux qui prennent racine et se mettent à pousser. Ces petits plants vivent en serre jusqu'à ce qu'ils soient envoyés dans des exploitations agricoles dans des régions éloignées, comme le nord de l'Ontario, pour y être plantés. (Il y a moins de risques de contamination du sol quand les fermes sont éloignées les unes des autres.) Les pommes de terre provenant de ces cultures sont plantées dans d'autres champs inspectés par le gouvernement. Enfin, les pommes de terre de semence qui ont vu le jour sous la lentille d'un microscope sont déclarées sûres — «Certifiées» — et exportées à travers le monde.

Une infime partie de bourgeon peut engendrer des centaines de milliers de clones. Dans un laboratoire de l'Île-du-Prince-Édouard, les scientifiques ont fait l'expérience de ne couper que les jeunes plants issus d'un seul oeil de pomme de terre. En une année seulement, il a produit une tonne de pommes de terre!

Savais-tu que si tu plantes une pomme de terre qui vient tout juste d'être déterrée, elle ne germera pas? En effet, elle est alors au repos végétatif et pendant cette période, sa croissance est interrompue.

Des pommes de terre partout, partout

On pratique la culture de la pomme de terre dans presque tous les 171 pays du monde. Seul le blé est cultivé dans plus d'endroits. En une année, le monde entier cultive suffisamment de pommes de terre pour couvrir une autoroute à quatre voies qui ferait six fois le tour de la Terre!

Tu penses peut-être que l'Amérique du Nord est le plus grand producteur de pommes de terre. En fait, c'est l'U.R.S.S. qui détient ce titre. La Pologne occupe le deuxième rang, suivie des États-Unis et du Canada.

Dans certains pays, comme les Philippines et l'Inde, la pomme de terre est considérée comme un produit de luxe. Par exemple aux Philippines, une personne qui veut en mettre plein la vue à l'épicerie n'a qu'à déposer quelques pommes de terre bien en évidence dans son panier pour montrer qu'elle est à l'aise.

Savais-tu qu'une pomme de terre nouvelle n'est pas nécessairement jeune ou petite. Il s'agit tout simplement d'une pomme de terre qui n'a pas été entreposée!

Savais-tu que les pommes de terres noueuses doivent leur forme aux changements de température? En effet, lorsque le sol s'assèche complètement, la pomme de terre cesse de croître. Puis, quand le sol est humide, la pomme de terre reprend sa croissance, ce qui donne lieu à une «excroissance».

Ancienne civilisation péruvienne

Les indigènes laissaient souvent pousser les pommes de terre à partir des graines ou encore, ils creusaient un trou à l'aide d'un instrument appelé *taclla* et plantaient une pomme de terre de semence à la main. Ils recouvraient le tubercule de terre de manière à former un petit monticule. Puis, ils attendaient la

pluie et espéraient. À la fin de la saison, une fois que les feuilles et la tige des plants étaient flétries, ils déterraient les pommes de terre à la main ou, à l'aide du *taclla*, arrachaient les plants agonisants et secouaient la terre. Ils empilaient ensuite les pommes de terre dans des poches qui étaient transportées au village à dos de lama.

Aujourd'hui

Une planteuse mue à l'essence creuse un sillon, y dépose doucement les pommes de terre, ajoute du fertilisant des deux côtés de celles-ci et forme un monticule de terre par-dessus.

Des avions ou des machines spéciales pulvérisent des produits chimiques afin de détruire les insectes nuisibles et d'enrayer les maladies.

Au moment de la récolte, les plants sont tués afin de faciliter le travail des machines. Des moissonneuses cueillent jusqu'à huit rangs de pommes de terre à la fois. Elles coupent la tige, soulèvent les pommes de terre, les séparent des cailloux et de la terre et les chargent dans un camion au moyen d'un tapis roulant.

Créer une meilleure pomme de terre

D'après toi, qu'est-ce qu'une pomate ou une tompate? Tu as raison, c'est un croisement entre un plant de tomates et un plant de pommes de terre. Cette nouvelle plante, créée en Allemagne, donne des tomates en surface tandis que sa partie souterraine produit des pommes de terre! Ce n'est là qu'un exemple des étonnantes réalisations des scientifiques avec la pomme de terre.

Les scientifiques savent que lorsqu'ils plantent une pomme de terre de semence, ils obtiennent un clone de l'originale. Mais ils peuvent recourir à la manipulation génétique pour créer des pommes de terre spéciales à partir de véritables semences de plants de pommes de terre qui possèdent les qualités exigées.

Puis, ils fécondent les plants les uns avec les autres jusqu'à ce qu'ils obtiennent une pomme de terre qui possède les caractéristiques recherchées. Par exemple, ils veulent peut-être une pomme de terre riche en amidon, à croissance rapide, ou un tubercule à faible teneur en amidon de couleur jaunâtre. Les possibilités sont quasi infinies.

Les scientifiques créent habituellement de nouvelles variétés de pommes de terre à la demande des grosses compagnies de transformation de pommes de terre, qui cherchent à faciliter leur travail. Par exemple, il est ridicule de cultiver des pommes de terre rondes pour produire des frites quand il faut un tubercule en longueur. En outre, pourquoi cultiver une pomme de terre qui absorbe beaucoup d'huile de cuisson quand nous sommes inondés de publicité sur la nécessité de réduire les quantités de gras que nous mangeons. Les cultivateurs et les commerçants veulent des pommes de terre qui résistent aux maladies et aux insectes nuisibles et qui conservent leur fraîcheur longtemps. Les scientifiques créent des pommes de terre qui répondent à toutes ces exigences.

Inventions et pommes de terre

Les années 1850 annoncèrent l'ère de la machine pour les agriculteurs. Les inventions visant à économiser de la main-d'oeuvre ne manquaient pas, car les fermes devenaient de plus en plus grosses et la plantation, le hersage et la récolte manuels demandaient un travail énorme. En outre, un nouveau matériau, la fonte, permettait de fabriquer des machines plus grosses, de meilleure qualité et plus durables.

En 1920, il existait une planteuse mécanique de pommes de terre. Assis à l'avant, le cultivateur guidait le cheval tandis qu'à l'arrière, un travailleur vérifiait si la machine prenait les pommes de terre de semence dans une boîte et les plantait dans le sol. Disons seulement que la machine n'était pas vraiment fiable.

Sa version révisée ne constituait pas exactement une amélioration, du moins pour les pommes de terre. En effet, la planteuse Aspinwall agrippait les pommes de terre avec une telle force qu'elle les écrabouillait, facilitant ainsi la propagation des maladies.

En 1940, on mit au point une machine qui prenait les pommes de terre à l'aide d'un petit godet, les laissait tomber sur le sol, épandait de l'engrais autour et remettait de la terre par-dessus. Tout le monde était content, y compris les pommes de terre!

54

Une année dans la vie de pionniers cultivateurs de pommes de terre

En 1816, le capitaine William Ross et sa femme Mary quittent l'Irlande pour aller s'établir en Nouvelle-Écosse. Là, ils ont sept enfants, dont un fils nommé Edward qui aide son père aux travaux de la ferme. Edward tenait un journal qui nous dévoile aujourd'hui ce qu'était la vie en Nouvelle-Écosse au cours des années 1800. Pour la famille Ross, l'année entière gravitait autour des pommes de terre.

Janvier
La famille mange des pommes de terre qui ont été entreposées dans le cellier creusé à même le sol.

Février
Edward doit allumer un feu dans le cellier pour empêcher les pommes de terre de geler.

Mars et avril
Dans le cellier, Edward trie les pommes de terre, jetant celles qui sont gâtées et mettant de côté celles qui ont germé.

Mai
Edward et son père coupent des pommes de terre de semence à la main.

Juin
On brûle le sol pour éliminer les mauvaises herbes. Hommes, femmes et enfants transportent leurs pommes de terre de semence dans un sac, sur leurs épaules et à l'aide d'une bêche, ils creusent des trous pour planter les pommes de terre.

Juillet et août
On utilise des ratissoires pour arracher les mauvaises herbes et des buttoirs pour butter les tubercules. Les Ross enlevaient probablement les insectes avec leurs doigts et les tuaient. Il n'y avait pas de produits chimiques pour enrayer les maladies.

Septembre
La famille mange des pommes de terre qu'elle a déterrées à l'aide de la bêche.

Octobre
Tous les membres de la famille aident à déterrer les pommes de terre qu'ils déposent dans des paniers tressés par des autochtones. Les pommes de terre sont ensuite entreposées dans des barils.

Novembre et décembre
Les Ross trient les pommes de terre et donnent celles qui sont pourries au bétail.

Ah, ces satanées bestioles!

Il n'y a pas que les humains qui raffolent de la pomme de terre. En effet, le plant constitue un mets de choix pour le doryphore, alias bête à patate. Cet insecte peut faire des kilomètres rien que pour grignoter une feuille de plant de pommes de terre. L'histoire du doryphore du Colorado démontre jusqu'à quel point cet empoisonneur est persistant.

Le doryphore est originaire du Mexique et jusqu'à 1824, il vit paisiblement dans les contreforts des Rocheuses, au Colorado, et se nourrit d'une plante locale. Mais voilà que les colons arrivent et plantent des pommes de terre. Les doryphores, plutôt gastronomes, goûtent aux feuilles et c'est l'extase.

La femelle du doryphore peut pondre un oeuf toutes les deux minutes! Ça fait beaucoup de bouches à nourrir! En quête de nourriture, les doryphores s'envolent donc vers l'est, engloutissant au passage toutes les feuilles de pommes de terre qu'ils trouvent. Au printemps 1871, ils ont traversé le Mississippi et se dirigent vers l'est et le nord, dévorant les cultures. Les doryphores ont le pied marin et s'embarquent à bord de tout ce qui flotte. Chaque année, ces touristes indésirables prennent d'assaut une nouvelle ville, un nouvel État ou une nouvelle province. On croit même qu'ils ont accompagné en Europe — clandestinement, bien sûr! — les pommes de terre envoyées aux soldats de la Première Guerre mondiale.

Cette vilaine bestiole détruit les cultures mais elle est quasi indestructible. Les agriculteurs ont conçu des machines qui les couvrent de poussière et les noient dans l'huile, mais le doryphore refait toujours surface.

Les doryphores possèdent cependant des qualités : ils sont gros et lents et les enfants peuvent les ramasser et les tuer. En certains endroits, on leur donne même un cent par bête à patate!

Comment se débarrasser en douceur des parasites

Il n'y a pas que les insectes qui embêtent les cultivateurs. En effet, la pomme de terre est sujette aux champignons ainsi qu'aux infections virales et bactériennes. Le vent transporte les spores de champignons qui s'attaquent aux feuilles et aux tiges. Les insectes transportent d'un plant à l'autre les virus qui peuvent interrompre la croissance du tubercule ou causer des malformations et d'étranges colorations. Les humains, les machines et autres plantes transmettent toutes sortes d'infections bactériennes qui font pourrir les tubercules. Comme tu peux le constater, un champ de pommes de terre est un véritable... champ de bataille!

Chaque problème doit être traité de façon particulière. Les cultivateurs peuvent planter des semences certifiées pour s'assurer dès le début que leurs pommes de terre de semence sont parfaitement saines. Ils peuvent détruire les plants malades et enrayer la maladie en vaporisant des produits chimiques sur les plants et sur le sol.

Les scientifiques ne cessent de créer de nouvelles variétés de pommes de terre qui résistent aux maladies et aux parasites. Et de leur côté, les agriculteurs cherchent constamment des méthodes naturelles et écologiques pour lutter contre les insectes. Au Nouveau-Brunswick, les fermes McCain emploient une machine qui aspire les insectes directement sur le plant!

Fais pousser une pomme de terre

Ne jette pas une pomme de terre dont les yeux sont en train de germer. Celle-ci est prête à pousser. Tu verras, la culture de la pomme de terre est facile.

Divise la pomme de terre germée en quartiers qui ont chacun un oeil. Dépose ces morceaux dans un plat contenant de l'eau et garde-les humides pendant une semaine au moins. Est-ce que les morceaux ont germé?

Et si tu as envie de manger des pommes de terre que tu auras cultivées toi-même, attends que les risques de gel soient complètement écartés et suis ces instructions :

1. Achète des pommes de terre de semence dans une pépinière ou trouve des pommes de terre germées.

2. Dans le jardin, à l'aide d'une binette, creuse un sillon en forme de V de 15 cm de profondeur.

3. Plante tes pommes de terre de semence dans le sillon à tous les 20 cm.

4. Remplis le sillon de terre et arrose bien.

5. Toutes les deux semaines, rajoute de la terre par-dessus le sillon. Tu t'assures ainsi de garder tes pommes de terre bien couvertes pendant leur croissance.

6. Au bout de deux ou trois mois, les plants de

pommes de terre fleurissent. Environ deux semaines plus tard, les feuilles et la tige donnent des signes d'agonie. Lorsque le plant a l'air bien mort, les pommes de terre sont prêtes.

7. Creuse avec tes mains et découvre les pommes de terre. Elles devraient se détacher aisément de la vigne. Secoue-les pour enlever la terre et laisse-les sécher à l'extérieur pendant une heure environ.

8. Garde tes pommes de terre dans un endroit frais, sec et sombre jusqu'au moment de les manger.

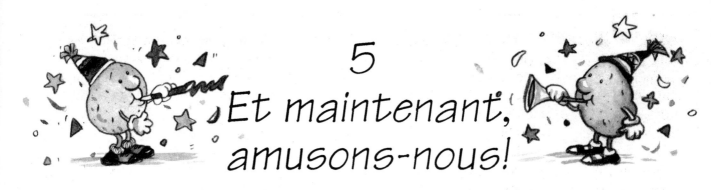

5
Et maintenant, amusons-nous!

Même si on ne peut pas dire que la patate soit un élément de fête des plus recherchés, elle peut constituer un thème amusant et original. Organise un pique-nique où la pomme de terre tiendra la vedette! Tu peux fabriquer des invitations-tubercules, préparer des mets succulents à la pomme de terre (bien entendu!) et même jouer avec des patates.

Invitations en poches de pommes de terre

Tu peux écrire tes invitations sur du papier imprimé à l'aide d'une étampe en pomme de terre. Tu trouveras les instructions sur la façon de procéder à la page 44. Ou encore, tu peux confectionner ces invitations extrêmement originales.

Voici ce dont tu auras besoin pour chaque invitation :

une paire de ciseaux
du papier brun
un crayon marqueur de couleur noire
un pièce ronde de toile de jute d'environ
   20 cm de diamètre
un bout de ficelle, de ruban ou de fil,
   d'environ 30 cm de longueur

1. Découpe une forme de pomme de terre dans le papier brun et écris ton message sur ce morceau de papier.
N'oublie pas d'inscrire la date, l'heure et l'endroit!
2. Place l'invitation en forme de tubercule au centre du morceau de jute et ramène les extrémités ensemble, de façon à former un sac. Attache ton

POCHE DE PATATES OUVRIR

sac avec la ficelle et fais une belle boucle.
3. À l'aide du crayon marqueur, écris un message sur le devant du sac.

Je t'invite à un pique-nique dont le thème est la pomme de terre.

Salade de pommes de terre

Dans tous les pique-niques, il y a deux choses que l'on retrouve immanquablement : des fourmis et de la salade de pommes de terre. Heureusement, la salade de pommes de terre aide à oublier ces indésirables fourmis. À l'Île-du-Prince-Édouard, la pomme de terre connaît une telle popularité que les gens organisent des pique-niques où les jeux, la nourriture et même le dessert sont reliés au tubercule. Voici une recette infaillible pour réussir une délicieuse salade de pommes de terre.

Voici ce dont tu auras besoin :

6 pommes de terre moyennes
un couteau de cuisine
une casserole moyenne
125 mL d'eau
un bol à salade moyen
un oeuf à la coque haché finement
deux branches de céleri, hachées finement
un oignon vert, haché finement
125 mL de mayonnaise
125 mL de yogourt nature ou de crème sure
sel et poivre au goût

1. Lave et frotte les pommes de terre, mais ne les pèle pas. Coupe-les en quartiers et mets ces morceaux dans la casserole avec l'eau. Fais cuire jusqu'à ce que les pommes de terre soient mollettes au toucher.

2. Laisse tiédir les pommes de terre. Coupe-les en cubes et mets-les dans le bol à salade.
3. Ajoute tous les autres ingrédients et mélange délicatement.

Conserve ta salade de pommes de terre au réfrigérateur jusqu'au moment de servir. Donne 6 portions.

Tu as certainement entendu quelqu'un déclarer qu'il en avait gros sur la patate. Traduction: il a beaucoup de choses sur le coeur.

La pomme de terre en chanson

Le fameux tubercule aurait inspiré Zachary Richard, un chanteur francophone de la Louisiane, qui a composé une chanson intitulée «Lâche pas la patate!»

Des jeux, encore des jeux

Un pique-nique n'est pas vraiment réussi sans jeux et courses de toutes sortes. Voici quelques jeux d'hier et d'aujourd'hui.

1. Au voleur!

Constituez deux équipes qui forment deux rangées se faisant face, et séparées d'environ 3 mètres. Les joueurs de la première équipe portent chacun un numéro et les joueurs de l'autre équipe sont numérotés dans l'ordre inverse. Par exemple, supposons qu'il y a dix joueurs par équipe. Le joueur numéro dix est placé en face du joueur numéro un et ainsi de suite. Placez une pomme de terre au centre, entre les équipes. Une personne désignée à l'avance nomme un numéro au hasard. Les deux joueurs portant ce numéro se précipitent pour ramasser la pomme de terre. Celui qui réussit à s'en emparer gagne un point pour son équipe. Le jeu prend fin quand l'une des équipes atteint la limite de points fixée.

2. Course de poches de patates

Chaque coureur se tient debout, les pieds à l'intérieur d'une poche de pommes de terre ou d'une vieille taie d'oreiller. Lorsque le

Trois!

60

signal du départ est donné, les concurrents agrippent le bord de la taie ou de la poche et, sans lâcher prise, sautent jusqu'à la ligne d'arrivée.

3. La patate chaude
Les joueurs s'assoient en formant un cercle. Pendant qu'on fait jouer de la musique, les joueurs se passent rapidement la pomme de terre. Quand la musique s'arrête, celui ou celle qui se retrouve avec la pomme de terre dans les mains est éliminé. Le jeu se poursuit jusqu'à ce qu'il ne reste qu'un seul joueur. Soit dit en passant, il ne faut *pas* faire chauffer la pomme de terre car quelqu'un pourrait réellement se brûler.

4. Passe la patate
Constituez deux équipes. Les joueurs de chaque équipe se placent les uns derrière les autres, en file indienne, tel qu'indiqué sur l'illustration.

Le premier joueur de chaque file place une pomme de terre sous son menton. Les mains dans le dos, chaque joueur tente de refiler la pomme de terre au suivant dans la file. Si un joueur touche la pomme de terre avec ses mains ou l'échappe, il va se placer au début de la file et son équipe recommence à se passer la pomme de terre. La première équipe qui réussit à rendre la pomme de terre jusqu'au dernier joueur de la file gagne.

Glossaire

Calice : Ensemble de feuilles formant une coupe, qui protège le bourgeon naissant et qui retient ensuite la fleur.

Champignon : Organisme qui ne contient pas de chlorophylle et qui se nourrit de plantes mortes ou vivantes.

Chlorophylle : Substance chimique contenue à l'intérieur des feuilles, qui donne leur couleur aux plantes vertes et qui est essentielle à la production de la nourriture de la plante.

Chloroplastes : Cellules de la plante qui renferment la chlorophylle.

Clone : Ensemble des cellules identiques issues d'une même cellule par reproduction sans fécondation.

Cortex : Couche extérieure de cellules, située sous la peau du tubercule et qui emmagasine la majeure partie de ses éléments nutritifs.

Elite : Type de pomme de terre de semence cultivée au Canada.

Étamine : Organe mâle de la fleur.

Fécondation : Phénomène qui se produit quand les cellules mâles (spermatozoïdes) du pollen s'unissent aux cellules femelles (ovules) pour produire une graine.

Fongicide : Produit chimique qui détruit les champignons.

Gènes : Parties d'une cellule qui mémorisent de l'information sur les caractéristiques de cette cellule afin de la transmettre à la génération suivante.

Insecticides : Produits chimiques destinés à éliminer les insectes.

Manipulation génétique : Processus qui suppose la transformation des gènes d'une plante ou d'un organisme pour créer quelque chose de nouveau.

Méristème : Bourgeon de l'oeil d'une pomme de terre qui contient tout ce qui est nécessaire à la croissance d'un plant de pommes de terre.

Microbe bactérien microscopique : Certains causent des maladies, d'autres la putréfaction.

Oeil : Partie du tubercule qui contient les bourgeons qui germent pour devenir des plants de pommes de terre.

Ovaire : L'organe femelle de la plante qui contient de minuscules compartiments remplis d'oeufs (ovules).

Ovules : Oeufs microscopiques qui, une fois fécondés, deviennent des graines.

Parenchyme : Partie d'une plante qui génère les granules d'amidon.

Pistil : Organe femelle de la fleur. Cela comprend les ovaires et les ovules.

Pollen : Matière poudreuse contenant le spermatozoïde qui féconde l'ovule dans une plante.

Pomme de terre de semence : Tubercule ou partie de tubercule comportant des yeux, que l'on plante pour obtenir des plants de pommes de terre.

Repos végétatif : Période d'inactivité.

Rhizome : Épaisse tige souterraine qui emmagasine de l'amidon (et qui devient le tubercule du plant de pommes de terre).

Spermatozoïde : Cellule mâle qui s'unit à l'ovule pour produire une graine.

Spore : Cellule microscopique d'un champignon, qui se reproduit de la même manière que la graine d'une plante.

Substances nutritives : Les minéraux et vitamines nécessaires pour vivre. Les plantes puisent dans la terre les minéraux qui se sont dissous dans l'eau.

Tubercule : La partie dure et noueuse du plant de pommes de terre que l'on connaît sous le nom de pomme de terre ou patate.

Véritable semence de pomme de terre : Les graines produites dans le fruit du plant de pommes de terre.

Virus : Organisme vivant encore plus petit que la bactérie qui vit dans l'organisme de la plante et qui cause des maladies.

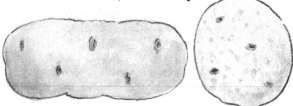

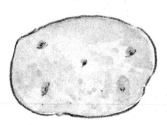

Index

Réponses :

Vérifie tes connaissances sur les croustilles, p. 10

1. Faux. Toutes les croustilles sont faites à partir de pommes de terre crues.

2. Vrai. Chaque croustille renferme environ 6 % de protéines, mais ce n'est pas beaucoup comparativement à ce que contient un morceau de fromage ou un verre de lait.

3. Vrai. Chaque sac de croustilles fournit plus du tiers de la quantité de vitamine C dont on a besoin par jour.

4. Faux. Les croustilles constituent un aliment d'appoint. Il faudrait en manger une quantité industrielle pour absorber la même quantité de minéraux, de vitamines et de protéines que procurent les aliments de base comme les pâtes, la volaille et le lait.

5. Vrai et faux! Tu peux acheter des croustilles non salées, mais un petit sac de l'une des marques les plus populaires contient environ 1/10 de c. à thé de sel. C'est largement supérieur à ce dont tu as besoin dans une journée. Un petit sac de croustilles contient presque autant de gras que deux noix de beurre.

Le jeu des noms, p. 35

potato — Angleterre, Irlande, Écosse, États-Unis, Canada;
papas — Pérou;
turma de tierra — Antilles;
tartufo — Italie;
Kartoffel — Allemagne;
pomme de terre — France, Canada;
patatas — Philippines, Espagne;
aardappel — Pays-Bas;
géo-melon — Grèce.
Le nom scientifique est *solanum tuberosum*.

Mots mystérieux, p. 42

À partir de la gauche:
PELURE, RHIZOME, GLUCOSE, PÉROU, FRITES, CONQUISTADOR, AMIDON, TUBERCULE, IDAHO, CROUSTILLE.